CB079633

Introdução à Comunicação Empresarial

www.saraivauni.com.br

Introdução à Comunicação Empresarial

Rivaldo Chinem

Editora Saraiva

Editora Saraiva

Rua Henrique Schaumann, 270 – CEP: 05413-010
Pinheiros — Tel.: PABX (0XX11) 3613-3000
Fax: (11) 3611-3308 — Televendas: (0XX11) 3613-3344
Fax Vendas: (0XX11) 3611-3268 — São Paulo — SP
Endereço Internet: http://www.editorasaraiva.com.br

Filiais:

AMAZONAS/RONDÔNIA/RORAIMA/ACRE
Rua Costa Azevedo, 56 — Centro
Fone/Fax: (0XX92) 3633-4227 / 3633-4782 — Manaus

BAHIA/SERGIPE
Rua Agripino Dórea, 23 — Brotas
Fone: (0XX71) 3381-5854 / 3381-5895 / 3381-0959 — Salvador

BAURU/SÃO PAULO
(sala dos professores)
Rua Monsenhor Claro, 2-55/2-57 — Centro
Fone: (0XX14) 3234-5643 — 3234-7401 — Bauru

CAMPINAS/SÃO PAULO
(sala dos professores)
Rua Camargo Pimentel, 660 — Jd. Guanabara
Fone: (0XX19) 3243-8004 / 3243-8259 — Campinas

CEARÁ/PIAUÍ/MARANHÃO
Av. Filomeno Gomes, 670 — Jacarecanga
Fone: (0XX85) 3238-2323 / 3238-1331 — Fortaleza

DISTRITO FEDERAL
SIA/SUL Trecho 2 Lote 850 — 71200-020 — Setor de Indústria e Abastecimento
Fone: (0XX61) 3344-2920 / 3344-2951 / 3344-1709 — Brasília

GOIÁS/TOCANTINS
Av. Independência, 5330 — Setor Aeroporto
Fone: (0XX62) 3225-2882 / 3212-2806 / 3224-3016 — Goiânia

MATO GROSSO DO SUL/MATO GROSSO
Rua 14 de Julho, 3148 — Centro
Fone: (0XX67) 3382-3682 / 3382-0112 — Campo Grande

MINAS GERAIS
Rua Além Paraíba, 449 — Lagoinha
Fone: (0XX31) 3429-8300 / 3428-8272 — Belo Horizonte

PARÁ/AMAPÁ
Travessa Apinagés, 186 — Batista Campos
Fone: (0XX91) 3222-9034 / 3224-9038 / 3241-0499 — Belém

PARANÁ/SANTA CATARINA
Rua Conselheiro Laurindo, 2895 — Prado Velho
Fone: (0XX41) 3332-4894 — Curitiba

PERNAMBUCO/ ALAGOAS/ PARAÍBA/ R. G. DO NORTE
Rua Corredor do Bispo, 185 — Boa Vista
Fone: (0XX81) 3421-4246 / 3421-4510 — Recife

RIBEIRÃO PRETO/SÃO PAULO
Av. Francisco Junqueira, 1255 — Centro
Fone: (0XX16) 3610-5843 / 3610-8284 — Ribeirão Preto

RIO DE JANEIRO/ESPÍRITO SANTO
Rua Visconde de Santa Isabel, 113 a 119 — Vila Isabel
Fone: (0XX21) 2577-9494 / 2577-8867 / 2577-9565 — Rio de Janeiro

RIO GRANDE DO SUL
Av. A. J. Renner, 231 — Farrapos
Fone/Fax: (0XX51) 3371-4001 / 3371-1467 / 3371-1567
Porto Alegre

SÃO JOSÉ DO RIO PRETO/SÃO PAULO
(sala dos professores)
Av. Brig. Faria Lima, 6363 — Rio Preto Shopping Center — V. São José
Fone: (0XX17) 227-3819 / 227-0982 / 227-5249 — São José do Rio Preto

SÃO JOSÉ DOS CAMPOS/SÃO PAULO
(sala dos professores)
Rua Santa Luzia, 106 — Jd. Santa Madalena
Fone: (0XX12) 3921-0732 — São José dos Campos

SÃO PAULO
Av. Antártica, 92 — Barra Funda
Fone: PABX (0XX11) 3613-3000 / 3611-3308 — São Paulo

ISBN 978-85-02-09541-0

CIP-BRASIL. CATALOGAÇÃO NA FONTE
SINDICATO NACIONAL DOS EDITORES DE LIVROS, RJ

C466i
Chinem, Rivaldo, 1952-
Introdução à comunicação empresarial / Rivaldo Chinem. – São Paulo : Saraiva, 2010.

Anexo
Inclui bibliografia e glossário
ISBN 978-85-02-09541-0

1. Comunicação nas organizações. 2. Comunicação empresarial. I. Título.

10-1405. CDD: 658.45
CDU: 005.57

01.04.10 08.04.10 018340

Direção editorial: Flávia Alves Bravin
Coordenação editorial: Rita de Cássia da Silva (Aquisições)
Juliana Rodrigues de Queiroz (Universitários)
Gisele Folha Mós (Negócios)
Produção editorial: Daniela Nogueira Secondo
Rosana Peroni Fazolari
Marketing editorial: Nathalia Setrini
Arte e produção: Know-how Editorial
Capa: Ideal propaganda

Contato com o editorial:
editorialuniversitario@editorasaraiva.com.br

Dedico este livro a Juliana de Carvalho Chinem

Sobre o Autor

Rivaldo Chinem é bacharel em Jornalismo pela Faculdade de Comunicação de Santos. Trabalhou nos jornais *Folha de S.Paulo* e *O Estado de S. Paulo*, bem como na revista *Veja*, na TV Gazeta, e na Rádio Tupi.

Apresentou programa na rádio Bandeirantes (com Paulo Nassar); escreveu no Portal Terra e na Agência Estado; deu cursos de pós-graduação na Aberje, na Pontifícia Universidade Católica de São Paulo (PUC-SP), na Universidade de São Paulo (USP) e na Universidade Metodista de Piracicaba; prestou serviços para sindicatos, associações de classe, embaixadas, empresas multinacionais e entidades públicas.

Publicou os livros *Terror policial* (com Tim Lopes), *Sentença*: padres e posseiros do Araguaia, *Imprensa alternativa*, *Jornalismo de guerrilha*, *Marketing e divulgação da pequena empresa*, *Assessoria de imprensa*: como fazer, e *Comunicação empresarial*: a teoria e o dia a dia das assessorias de comunicação. Ganhou o prêmio Wladimir Herzog de Jornalismo, em 1982. Atualmente, escreve para o portal MegaBrasil.

Apresentação

Comunicar é um dos atos mais importantes do ser humano. A toda hora ele se comunica. Por que conhecer a comunicação? É necessário viajar no tempo para ver a origem da comunicação? Certamente. Quem não conhece a História está fadado a repetir seus erros. Partindo desta premissa, certo de que o estudo nunca termina e de que é preciso estar atento a todas as formas de comunicação, o autor pensou em escrever este livro e seguiu para a prática.

Você vai ver o que é a notícia e saber um pouco mais sobre os meios de comunicação, seus inúmeros públicos e a quem a mensagem deve ser dirigida. Além disso, você poderá acompanhar outras discussões, tais como: as modificações por que a mídia passou; a ética que deixou de ser um produto de luxo para se tornar uma necessidade; características da informação; a entrada da internet e das novas mídias, que não só rompeu fronteiras mas também descentralizou a informação, tornando-a um produto ao alcance de todos; como deve ser o trabalho de uma assessoria ou agência de comunicação, seu foco e sua missão; os problemas que ocorrem nas empresas em função da comunicação feita de maneira inadequada; a imagem que se quer construir e formatar, bem como qual é o melhor caminho para atingir este objetivo; como conquistar espaço na mídia; as confusões de termos como mídia e marketing; as crises por que passam as empresas; as diferenças entre os inúmeros meios de informação, como o rádio, jornal, revista, televisão e satélite; a publicidade e propaganda; os ídolos de cada comunicador; os exemplos, estudos de caso e exercícios a partir de um plano de comunicação. Enfim, esta é uma obra aberta a novas possibilidades. Não há receita porque não se trata de livro de culinária, mas exemplos práticos não faltam.

Por que a empresa tem de necessariamente se comunicar, de falar com a sociedade, e não somente com seus públicos internos. Tudo é abordado neste livro, escrito de forma coloquial como se o autor estivesse dando aula ou simplesmente conversando sobre o palpitante tema que é a comunicação.

Sumário

1 O Que é Comunicação

GENERALIDADES

Comunicação é como futebol, todo mundo pensa que entende e dá palpite. Nesse campo, quando a confusão se instala, quebram-se as regras, e os atores, ao entrar em cena, dão caneladas, cotoveladas, e o jogo passa a ser um completo vale-tudo.

A comunicação, mais do que um bem social, é também um direito fundamental e humano que nasce na própria sociedade e precisa ser garantido para que diversas vozes sejam ouvidas. Trata-se de um serviço público dirigido à elevação moral e cultural da sociedade.

A palavra comunicação deriva do latim *communicare*, cujo significado é tornar comum, partilhar, associar, trocar opiniões, conferenciar.

Communicatio tem o sentido de participação, em interação, em troca de mensagem, em emissão ou recebimento de informação nova. Assim, como se vê, implica participação.

Calcula-se que o homem tenha aprendido a falar há cerca de 30 mil a 50 mil anos. Provavelmente, começou imitando o som de tudo o que o cercava. E, hoje, são falados em torno de 5 mil idiomas no mundo – número que já foi maior, chegando a 10 mil.

Para a sabedoria popular, comunicação não é o que você diz, é o que o outro entende.

John Dewey, pedagogo norte-americano, afirmou:

> A comunicação é o processo da participação da experiência para que se torne patrimônio comum. Ela modifica a disposição mental das duas partes associadas. A sociedade não só continua a existir pela transmissão, pela comunicação, como também se pode perfeitamente dizer que ela é transmissão e comunicação.

Na Grécia, há 2.500 anos, as notícias eram levadas por mensageiros, que percorriam enormes distâncias. O primeiro noticiário surgiu em Roma, em 59 a.C., e chamava-se *Acta Diurna*. E as primeiras revistas apareceram na Europa no século XVI.

Os meios de informação desempenham uma função determinante para a politização da opinião pública, e, nas democracias constitucionais, têm capacidade de exercer um controle crítico sobre os órgãos dos três poderes: Legislativo, Executivo e Judiciário.

Os meios de comunicação social têm um papel importante de transmitir informação e ajudar no processo de criação da cidadania. Isso demanda, necessariamente, liberdade.

O direito à informação e à comunicação vem sendo proclamado como fundamental desde as primeiras declarações de direitos do século XVIII. Está escrito no artigo 11 da Declaração dos Direitos do Homem e do Cidadão, publicada em 26 de agosto de 1789, na França, que: "A livre comunicação das ideias e das opiniões é um dos mais preciosos direitos do homem".

Depois, veio a Declaração Universal dos Direitos Humanos, adotada e proclamada pela Resolução n. 217 da Assembleia Geral das Nações Unidas, de 10 de dezembro de 1948, artigo 19:

> Toda pessoa tem direito à liberdade de opinião e expressão; este direito inclui a liberdade de, sem interferência, ter opiniões e de procurar, receber e transmitir informações e ideias por quaisquer meios e independentemente de fronteiras.

No Brasil, a Constituição Federal de 1988 trata de liberdade de expressão e do acesso à informação no seu artigo 5º. E no artigo 220 afirma:

"A manifestação do pensamento, a criação, a expressão e a informação, sob qualquer forma, processo ou veículo, não sofrerão qualquer restrição, observado o disposto nesta Constituição".

Além da área que pretendem cobrir, o jornalista, o publicitário e o relações públicas devem se dedicar ao conhecimento da natureza da comunicação, essa indústria que se avolumou exponencialmente a partir das três últimas décadas. É preciso investigar como se formam o sentido e o significado da comunicação, como o sujeito desenvolve convicções; aprofundar o advento do inconsciente na comunicação; entre outros temas.

Um profissional de comunicação, esteja ele de que lado estiver, não pode ser zen como os filósofos do Oriente. Monges recolhidos transmitem a imagem de que são homens serenos, comedidos, sempre em paz – esse não é o caso de quem trabalha com a comunicação, umbilicalmente ligada à informação, pois a comunicação é muito dinâmica, muda a toda hora e exige pessoas que acompanhem essas mudanças.

O impacto social da atividade do jornalismo decorre da importância de sua função, que é transmitir, de forma clara e objetiva, o que se acabou de ver e ouvir.

Quem faz a opção pelo jornalismo não pode esperar um serviço com horários muito definidos e carga de trabalho bem distribuída, porque o dia a dia da informação se torna uma implacável corrida contra o relógio. É necessário rapidez para flagrar a notícia no local e no momento em que ela acontece e transferi-la de forma inteligível para a tela do computador.

O profissional de imprensa trabalha para uma poderosa indústria, que foi se modernizando no decorrer do tempo, até se transformar em principal formadora da opinião pública. Ele tem como função a apuração, geração, controle e veiculação das informações conforme as necessidades, os interesses e as expectativas tanto da sociedade quanto da empresa para a qual trabalha. Por isso, conhecimento da realidade que o cerca – um profissional da comunicação deve estudar para compreender o seu público e ser mais útil a ele –, domínio no uso da linguagem, curiosidade intelectual, rapidez e observação cuidadosa dos fatos são características imprescindíveis para o jornalista. Principalmente porque não basta apenas informar, ele terá também de comentar e interpretar a notícia quando for necessário.

Houve um tempo em que a difusão de textos, sons e imagens era atividade exclusiva de grandes empresas capazes de arcar com custos altíssimos de impressão, filmagem, gravação e transporte. Essa época ficou para trás.

Nos últimos anos, enquanto os computadores barateavam os processos de produção e edição, os blogs, páginas pessoais e ferramentas de compartilhamento de dados fizeram de qualquer usuário da internet um produtor potencial de conteúdo. Uma verdadeira quebra de monopólio, que forçou as empresas de mídia a repensarem o relacionamento com seus leitores, espectadores, ouvintes, e internautas, hoje marcado por uma aproximação cada vez mais crescente.

Com os papéis de emissor e receptor mais embolados do que nunca, a imprensa deixou de ser fonte única de notícias e análises sobre os fatos e viu parte de seus anunciantes migrar para outros setores.

Para entender melhor a mídia, é preciso compreender que cada veículo elege um público-alvo e uma linha editorial, aspectos que podem ser apreendidos no acompanhamento regular e atento do conteúdo e da estética de cada veículo.

Os editoriais, espaços em que os veículos expressam suas posições acerca de temas atuais, dão pistas mais explícitas sobre a linha de cada um. Então, o desconhecimento desses aspectos pode resultar em erros primários para a fonte, como se expressar em linguagem incompatível com o público--alvo do veículo ou adotar enfoques destoantes da linha editorial.

Uma expressão bastante comum na atualidade, a parceria, traduz um enfoque útil na compreensão do relacionamento da mídia com a fonte e/ou organização. Ambas têm interesse na divulgação, mas de ângulos de visão diversos, que podem se tornar convergentes: a mídia se interessa pela geração de fatos noticiosos capazes de interessar ao seu público, enquanto a organização se interessa em divulgar sua atuação, de forma a posicionar sua imagem diante desse mesmo público.

A imprensa independente, portanto, enquanto posicionada em competição com órgãos do Poder Público, foi definida como o quarto poder.

Thomas Jefferson, presidente dos Estados Unidos entre 1801 e 1808, disse: "Caso eu tivesse que decidir se deveríamos ter um governo sem jornais ou jornais sem governo, não hesitaria um instante em preferir a segunda opção".

A liberdade de imprensa não é, a rigor, um poder no sentido constitucional, mas, antes de tudo, o fundamento da legitimidade dos poderes delegados. Considerada como direta explicação da liberdade do pensamento e da discussão, a liberdade ou informação é fundamental para um correto exercício dos poderes democráticos e constitui, portanto, um direito que não deve ser atribuído, mas garantido. Trata-se de uma liberdade que não é externa ao Estado democrático nem a ele subordinada, mas histórica e conceitualmente ligada à sua formação, tanto que os atentados contra o Estado democrático são, em muitos casos, atentados contra a liberdade de informação.

Pode-se destacar dois tipos de formas de divulgação de qualquer informação: o mais antigo é a mídia impressa (ou escrita), que engloba jornais, revistas, mensagens afixadas em lugares públicos, folhetos, boletins, mural e *outdoor*. O mais recente e surpreendentemente instantâneo é a web, a grande rede mundial de computadores. Cada um desses meios representa um segmento da mídia como um todo.

Mídia deriva do inglês *medium*, que, por sua vez, se origina do plural, em latim, de *medium*, meio. Em português, em um sentido mais amplo, mídia significa qualquer meio de comunicação de massa. Na prática, a palavra mídia já era comumente usada no setor publicitário. Mídia é o setor da agência de publicidade responsável pelas tarefas de veiculação do anúncio. Significa escolher o meio mais adequado para divulgar determinado produto. Para isso, seus profissionais levam em conta fatores como audiência ou tiragem do veículo, o número de vezes em que a mensagem vai ser divulgada, preço combinado, área atingida e duração da campanha.

Formadora de opinião, a mídia intervém no debate público, defende causas e influencia percepções, convicções e hábitos. Ela pode ajudar a construir ou destruir reputações de indivíduos, empresas e instituições. A imprensa auxilia a formar conceitos e a criar atitudes, bem como tem capacidade de mobilizar os cidadãos e as instituições para a defesa de causas e interesses.

A mídia é também uma manifestação espontânea e inconsciente de como as sociedades querem ver a si mesmas. Portanto, tudo depende da maneira como se vê o fato (e o olhar é individual), do tempo e das condições disponíveis para reproduzi-lo ao público – além dos conceitos e contextos culturais, conscientes ou não, que permeiam todo o processo.

Especialistas em comunicação calculam que nas grandes cidades são lançadas aproximadamente 10 mil informações todos os dias. Em outras palavras, somos bombardeados por símbolos, sinais, todo um emaranhado de códigos que entra pelos meios de informação do homem de hoje.

COMUNICAÇÃO EMPRESARIAL

No mundo corporativo, comunicação é importante para obter excelência e conquistar eficácia maior na tecnologia empresarial. Não é por acaso que a marca de um produto vale muitas vezes mais do que todo o arsenal usado para a sua produção – plantas industriais, móveis e máquinas. No Brasil, temos 350 mil marcas; nos Estados Unidos, o número chega a 1,6 milhão.

Edgar Morin, o grande teórico francês da comunicação, comenta:

> O planeta se encontra, hoje, dotado de uma textura de comunicações (aviões, telefone, internet) como nenhuma outra sociedade do passado jamais teve. A nave espacial Terra é movida por quatro motores associados e, ao mesmo tempo, descontrolados: ciência, técnica, indústria e capitalismo. A globalização pode ser vista como a última fase de uma planetarização tecno-econômica. Ao mesmo tempo, ela pode ser vista como a emergência caótica e desigual de um embrião de sociedade-mundo. Uma sociedade dispõe de um território que comporta um sistema de comunicações.

Uma sociedade inclui sempre uma economia, obviamente. E a economia atual é mundial, de fato, mas lhe faltam as restrições de uma sociedade organizada (leis, direito e controle).

Liberdade e economia têm muitos pontos de identificação. Um exemplo: o historiador e sociólogo Paul Thompson, professor e pesquisador da Universidade de Essex, diretor do Arquivo Nacional de Histórias de Vida da Biblioteca Britânica, consultor da BBC de Londres e autor do livro *A voz do passado*, contou que um de seus estudos foi sobre a comunidade de pescadores britânicos. Ele constatou que nas Ilhas Shetland, ao norte da Inglaterra, os pais nunca batiam nas crianças, o que era muito raro no fim do século passado. E no oeste da Escócia, todos os recursos eram exatamente iguais aos das Ilhas Shetland, mas as famílias eram completamente diferentes: os pais eram muito duros com seus filhos.

No final das contas, percebeu que a cultura, incluindo a cultura familiar, moldava a economia. Isso porque, enquanto no oeste escocês a pesca declinava, nas Ilhas Shetland ia muito bem. As crianças nas ilhas eram criadas com carinho, eram encorajadas a ser independentes muito cedo, tinham iniciativa, tentavam novas formas de pescar, descobriam novos lugares para vender os peixes.

As outras, criadas sob a dominação dos pais, eram ensinadas a seguir ordens e desencorajadas a fazer algo novo. Aos poucos, isso fez a pesca decair. Como se vê, educação e informação muitas vezes se confundem.

Na vida das organizações, informação também é vital: as empresas precisam consumir informações dos consumidores e do mercado para poderem se ajustar.

Ao fabricar um carro, por exemplo, uma indústria precisa saber qual é o gosto do consumidor, sua tendência, as cores da moda, os tons mais atraentes, a mecânica mais adequada a cada país. A altura de um carro no Brasil, por exemplo, deve ser maior do que a altura de um carro na Europa ou nos Estados Unidos, pois as estradas europeias e norte-americanas são perfeitas, enquanto as brasileiras nem merecem comentário, tal o número de buracos a cada metro percorrido. Então, é preciso que o produto se adapte a cada realidade.

A mídia especializada passou a exigir novos comportamentos e atitudes por parte das empresas ao apontar erros, ao estimular boas ações. Houve também a necessidade de se comunicar com os Poderes constituídos.

A comunicação com os Poderes ganhou intensidade porque as grandes decisões nacionais começaram a receber tratamento acurado das instituições políticas. Os *lobbies* se estruturaram e abriu-se um nicho profissional: o da articulação e assessoria política.

O mercado da comunicação deu oportunidade para os consultores políticos e, assim, surgiu nas assessorias de comunicação o perfil do diretor de relações institucionais, com sua atenção voltada para o Congresso Nacional, o Poder Executivo e o Poder Judiciário. Tudo, no entanto, deve ser feito segundo uma atuação ética.

ÉTICA NA COMUNICAÇÃO

A ética deve estar a serviço da imagem. Multinacionais estão sob pressão de seus conselheiros para ser e parecer empresas guiadas por princípios éticos. Grupos de pressão mobilizam do dia para a noite a opinião pública em torno das questões éticas.

A ética deixou de ser um artigo de luxo e passou a ser necessidade. Deixou de se subordinar ao departamento jurídico e à ação de advogados para se tornar uma questão fundamental e com existência própria na empresa. Ela se tornou uma atividade corporativa voltada para a reputação da companhia.

Levantamento feito por especialistas indica que todas as companhias da lista das 500 maiores da revista *Fortune* têm códigos de ética. Esses códigos não indicam necessariamente que as empresas sejam corretas. A maioria nunca distinguiu a ética do mero cumprimento da lei, da ação preventiva do departamento jurídico, da auditoria interna, da área de recursos humanos ou, simplesmente, de comunicação empresarial. Mas a ética preocupa todos, a começar dos acionistas, mesmo que haja investidores predadores no mercado.

A impressão que às vezes se tem é a de que toda essa conversa de ética é apenas uma cortiça de fumaça para uma forma mais sutil de hipocrisia empresarial e um investimento na proteção da respeitabilidade dos conselheiros e dirigentes da empresa. Contudo, os milhões de dólares gastos em ética, longe de serem mais uma "sacada" dos marqueteiros para melhorar a reputação das empresas, constituem uma tentativa de criar um clima ou uma cultura de integridade em seus dirigentes e funcionários.

É necessário não só desenvolver os itens concretos da transformação produtiva mas também promover verdadeira mudança cultural, cuja pauta principal é, como se vê, a ética, o comprometimento com a cidadania, a ecologia, a qualidade de vida, o respeito aos direitos individuais e coletivos. Para exemplificar, recentemente o Banco Mundial suspendeu um crédito para um projeto no Nepal para a construção de uma grande barragem por causa dos protestos de grupos de ecologistas.

Finalmente, não se pode esquecer que a rotina das redações, em que se tem cada vez menos tempo para lançar a notícia, consequência da própria dinâmica da comunicação e do mundo digital, também limita aprofundamentos.

Nesse momento, observa-se uma transformação profunda e radical no mundo empresarial e, consequentemente, na comunicação: graças ao desenvolvimento dos meios de comunicação, o planeta, formado por cerca de 200 países e com uma população de 6 bilhões de habitantes, virou uma aldeia global, na qual é possível saber rapidamente o que acontece em qualquer lugar e a qualquer hora – o ataque às torres do World Trade Center em Nova York, por exemplo, foi divulgado para todo o mundo praticamente no mesmo momento em que acontecia.

Surgem a toda hora novas ideias, novas tecnologias que exigem a tomada de novos rumos. E o bom é que tudo isso pode ser aprendido e compartilhado por nós, cidadãos do mundo.

Também em nossa vida pessoal, percebe-se o quanto a comunicação é importante, porque ela ajuda a compreender melhor a visão do outro e a melhorar nossas relações com a família e os amigos. A comunicação enriquece nossos conhecimentos e amplia nossa visão do mundo.

Por sua vez, os comunicadores não são mais repassadores ou receptores de informação, mas, sim, gestores de informação em um processo dinâmico, novo e desafiador, que tem no relacionamento com a mídia um de seus pilares mais delicados e evidentes.

Textos de qualidade, agilidade na apuração e encaminhamento e adequação da linguagem a cada editoria e veículo garantem que a informação certa chegue ao público adequado, na hora e na linguagem necessários.

A informação é vista, cada vez mais, como bem público, ou seja, algo a ser compartilhado e discutido com a sociedade. Você concorda com isso?

ESTUDO DE CASO Como você forma sua opinião?

A redação do *Portal Jornalirismo* entrevistou dezenas de líderes de comunicação para discutir como se forma a opinião pública no Brasil hoje e revelar a forma como tiram suas conclusões sobre o mundo.

Mariana Cogswell, publicitária, respondeu que a opinião pública é formada pelos meios eletrônicos e que os meios impressos ainda são a chave da velha economia.

Adonis Alonso, jornalista, contou que junta todas as informações disponíveis e analisa os prós e contras.

Carlos Castilho, jornalista, disse que leva em conta a internet e sugestões de amigos e da comunidade de informação da qual faz parte.

Eduardo Ribeiro, jornalista, disse que a opinião pública no Brasil de hoje é criada pela imprensa, sobretudo mídia impressa, nas camadas mais altas da sociedade, bem como pelos líderes comunitários e naturais nas camadas mais humildes da população. Contou que forma sua opinião mesclando o que lê com o que vê e ouve nas ruas.

Outro jornalista, Luiz Egypto, respondeu que a opinião pública se forma pela televisão, e que ele forma sua opinião pelas leituras.

O jornalista Julio Hungria alertou que desconfia de tudo o que é dito e que às famosas perguntas "quem, quando, onde etc." acrescenta: a quem interessa?

E você, como forma sua opinião a respeito dos assuntos?

Resposta:

2 Por que a Comunicação é Importante

Já não há mais dúvida de que a comunicação social tornou-se um instrumento indispensável à conquista de resultados e ao sucesso de empresas e instituições privadas e estatais; assim, cada vez mais todos incluem a comunicação interna e externa entre suas prioridades.

A imagem institucional de uma companhia é o que garante e sustenta as bases de seu permanente progresso e desenvolvimento. Um dos maiores desafios das empresas é criar, desenvolver e aperfeiçoar um conceito de credibilidade. E isso leva tempo.

Nesse contexto, a assessoria de comunicação é a área nobre do sistema de comunicação externa das organizações. Está consolidada como conceito, como atividade e como suporte estratégico.

Empresas vêm destacando há muito seus principais executivos para manter contato com a mídia, o que mostra a importância da ocupação do espaço editorial. Nos Estados Unidos, um dos itens utilizados para mensurar o desempenho de um executivo é sua habilidade no relacionamento com a imprensa. Lá se entende que há ainda uma distância muito grande entre a mídia e a iniciativa privada.

Encurtar distância entre a mídia e a empresa é uma das tarefas de uma assessoria de comunicação, não se esquecendo, evidentemente, de ocupar espaço na mídia. As organizações sentiram o crescimento na capacitação de recursos e na obtenção de novos clientes a partir do trabalho bem desenvolvido por uma assessoria de comunicação.

Antigamente, era diferente. Os jornalistas com mais tempo de atividade lembram que, quando começaram no jornalismo, o assessor era geralmente aquele sujeito conhecido como "chato" e "despreparado", que distribuía textos caseiros nas redações, gerando comentários maldosos.

Muitas vezes, para divulgar uma festa da uva de cidade interiorana, por exemplo, apareciam nas redações mocinhas bonitas, em geral candidatas a misses, acompanhadas de uma megera, e distribuíam mimos e sorrisos aos repórteres. Esse tempo já passou.

A conquista de um mercado pelo lançamento de um produto novo na praça é tão importante quando a conduta ética da empresa. E informações em tempo hábil, com qualidade e objetividade, são essenciais para administrar empreendimentos vitoriosos. Carentes de informação ou dispondo de informações precárias, as empresas geralmente têm prejuízos. Boas informações, no entanto, podem resultar em bons lucros.

Comunicar-se adequadamente na era da globalização e da informação é um requisito de sobrevivência tão decisivo quanto a prática da qualidade, da redução do custo e do aumento de ganhos – e também do acesso à tecnologia de ponta.

O PAPEL DAS ASSESSORIAS DE COMUNICAÇÃO

Assessoria ou agência de comunicação é a empresa encarregada de divulgar a corporação para a mídia. Ao contrário do que apregoam algumas organizações jornalísticas, que em seus manuais a acusam de fazer *lobby*, essa é uma função legítima, pois a democracia inclui o direito de as corporações difundirem suas ideias, exercerem suas defesas e, quando necessário, levarem ao conhecimento público o trabalho que desenvolvem.

O trabalho exercido pela assessoria de comunicação só pode ser feito se houver um diálogo com o interlocutor, só funciona se for exercido como uma espécie de via de mão dupla; não é possível exercitar a comunicação como se ela fosse um ato solitário e independente. Ninguém é uma ilha.

As assessorias de comunicação tiveram um crescimento extraordinário em todo o País, principalmente devido à expansão dos negócios no âmbito das grandes companhias. Passamos a ver, nos últimos tempos, incorporações, fusões, enfim, um adensamento de organizações, e tudo isso propiciou o aumento da quantidade de assessores de comunicação internos e externos. Houve uma visível mudança de atitude. As posturas *low profile* (baixo perfil) deram lugar às posturas *high profile* (alto perfil).

Cada vez mais, as empresas e os negócios tornam-se transnacionais. Os países perdem fronteiras do ponto de vista político e econômico, e esse fato determina a necessidade de se comunicar. E comunicação não pode ser tarefa para amador; para ser benfeita, exige profissionalismo e um planejamento estratégico.

PLANEJAMENTO DA COMUNICAÇÃO

Um plano de comunicação deve ser elaborado com o objetivo de envolver e integrar toda a empresa para a melhoria do comportamento e das performances, avaliar o que deve ser executado e criar parâmetros que permitam medir resultados e desempenhar com clareza e justiça, mas não só. É preciso também prever os gastos para sua implantação.

Mesmo se tratando de um plano de comunicação, é necessário elaborar um orçamento com o intuito de minimizar os danos que o descontrole das despesas pode causar à imagem e à lucratividade da empresa, o que levaria o planejamento a causar o efeito contrário.

O planejamento da comunicação empresarial passa por um conjunto de etapas. Primeiro: o planejamento e/ou revisão da situação atual, que é o levantamento e a revisão das atividades e dos instrumentos, da política e dos procedimentos para, posteriormente, definir os aspectos a serem planejados.

Depois, há o levantamento das necessidades ou expectativas, que é a pesquisa de mercado, análise da concorrência, verificação das expectativas e desenvolvimento do modelo conceitual, o qual descreve todas as ações que as áreas de comunicação das empresas adotarão, levando em conta as suas expectativas e necessidades.

Começa então o planejamento da implantação do modelo, em que se estabelece a estratégia do modelo adotado, a sequência de programas conforme as prioridades e a preparação das análises de impacto na organização, que verificam os impactos positivos e negativos, determinando-se prazos, gastos e recursos necessários.

A última etapa é apresentar o projeto final para a aprovação da diretoria.

Para o sucesso de um plano de comunicação empresarial, é necessário o seu acompanhamento permanente. É fundamental que as áreas interna e externa façam reuniões periódicas e analisem se as metas de cada uma estão sendo cumpridas e se é possível mudar alguma ação ou até mesmo abordar ou criar novas ações, porque só assim os resultados aparecem sempre positivos.

COMUNICAÇÃO INTERNA E EXTERNA

A comunicação empresarial deve se relacionar com praticamente todas as outras atividades da empresa. É fundamental que as atividades de comunicação interna e externa estejam articuladas com o planejamento estratégico da instituição para que, compostas, seja possível planejar as estratégias. Dentro destas está a construção da imagem institucional da empresa, alcançando os dois públicos, o interno e o externo.

Adequar os funcionários ao aumento da competição no mercado também é essencial para a sobrevivência da empresa. Por isso, informá-los sobre o que está acontecendo no mercado e com a concorrência é um trabalho primordial, que pode ser sustentado pelo *clipping*.

Esse trabalho pode ser executado da seguinte maneira: o *clipping* busca, em veículos impressos e nas novas mídias veiculadas por satélites, as matérias em que a empresa e seus concorrentes foram mencionados, bem como aquelas que falam sobre o mercado. A assessoria de comunicação repassa essas notícias para a comunicação interna – exercida pelo profissional de relações públicas –, que é encarregada de retransmiti-las aos funcionários.

As atividades de relações públicas têm por finalidade planejar, implantar e avaliar continuamente a interação da empresa com seu público externo e interno, assim como aliar ações de marketing e endomarketing – por exemplo, festas de confraternização interna e participação nos eventos da comunidade em que a empresa está localizada. Podemos citar como exemplo uma campanha de coleta de alimentos e de agasalhos em que dois públicos se mobilizam pela mesma causa e mostram, assim, um ato de solidariedade às pessoas carentes. Outras ações são a *open house*, que consistem em visitas de famílias de colaboradores e na coordenação de visitas escolares à empresa.

Notícias são formuladas tanto pelo setor de comunicação interna como pelo de comunicação externa. Quando se deve recorrer à assessoria externa? Quando o momento – e o orçamento – requerer. É preferível que esse trabalho seja feito por jornalistas, mas nada impede que um profissional de relações públicas ou de publicidade redija o material a ser enviado para a mídia. São áreas que se unem e que trocam informações. Cada uma delas dispõe de uma pauta para ser trabalhada.

Outra tarefa é "investir" no relacionamento entre as empresas e os órgãos de administração pública. A ênfase pode-se dar, inclusive, em características da comunidade, realçando aspectos positivos extraídos da sondagem de opinião sobre a empresa, e também na organização de eventos e feiras, contatando os meios culturais e a comunicação interna, a fim de explorar as grandes decisões da empresa, aspectos desconhecidos do trabalho, do ambiente e até mesmo da própria comunidade.

Se a comunicação for benfeita, o retorno será positivo tanto para a empresa quanto para os indivíduos que a compõem. A maioria absoluta dos problemas das empresas ocorre em função de uma comunicação inadequada. Vendas insuficientes, reclamações de clientes, mau relacionamento com públicos externos (governo, fornecedores, imprensa, distribuidores etc.), insatisfações, moral baixo dos colaboradores, *turnover* alto e outros problemas são alguns dos resultados de uma comunicação que não atingiu seu objetivo.

Conhecimento, habilidade e atitude relacionados à comunicação podem ser adquiridos e aprimorados. Somados às competências gerenciais, constituem-se como importantes diferenciais do sucesso das organizações e dos indivíduos.

A boa imagem de uma empresa depende diretamente da qualidade de sua comunicação. Mesmo organizações líderes de mercado não podem prescindir de um bom trabalho com seus públicos. Por isso vemos, muitas vezes, gigantes do setor variando de atividades para conquistar diversos e inúmeros públicos.

Até a década de 1980, as preocupações centrais de empresas grandes eram a comunicação interna – a empresa tinha milhares de funcionários no Brasil, na Itália, China e Argentina. Agora o foco é uma comunicação proativa, que inclui todos os públicos, como a imprensa, o governo, comunidades, entidades de classe e ONGs, cada um com uma estratégia dirigida. E o estímulo tem de vir de cima. O presidente tem de ser o primeiro a dizer: "Sem comunicação, uma empresa não existe".

A necessidade de ser mais atuante em um mundo mais competitivo dirigiu a política de sensibilizar os funcionários para os grandes objetivos da empresa. Hoje há mais interlocutores, é preciso falar com os consumidores, com os sindicalistas, com os moradores, com a imprensa, com o prefeito, com o bispo. E quando você não fala o que é, são os outros que dizem o que você não é.

Mas, em síntese, o que faz uma assessoria de comunicação? Uma definição perfeita pode ser resumida em uma só frase: ela trabalha a notícia que vem das empresas. E a notícia que vem das empresas é feita pela comunicação empresarial.

ESTUDO DE CASO Linha editorial

Uma das tarefas diárias de uma assessoria de comunicação é se relacionar com a mídia. Falar com jornalistas dos meios de comunicação.

Para isso, é preciso saber qual a linha editorial desses veículos. Saber, por exemplo, se determinado jornal apoia ou descarta certos assuntos. Saber se um canal de televisão está a favor ou contra determinado candidato a cargo eleitoral, se apoia determinada empresa ou, ao contrário, se não a vê com bons olhos.

Em sua opinião, estudar a linha aparentemente nem sempre nítida dos jornais:

a) Ajuda o trabalho rotineiro de uma assessoria; mais do que isso, é imprescindível saber o que eles pensam.

b) Atrapalha, porque o clima fica mais difícil quando se sabe do tamanho do problema que o comunicador terá pela frente.

c) Nem uma nem outra opção, já que a definição de linha editorial de um veículo nem sempre é nítida.

Resposta: a

3 Informação e Comunicação

Na era da comunicação, o indivíduo é a principal peça do negócio. Contudo, a educação vai ser a base da economia, e o estudo, a nova colheita.

Se o indivíduo não for educado, ele não trabalhará. Centenas de pessoas serão substituídas e engolidas pelos novos profissionais. Em qualquer parte do mundo é possível montar uma equipe de designers ou de outro tipo de negócio que, em muitos casos, cobrará menos pelo trabalho.

Nossos concorrentes não possuem endereços nem sedes. Eles podem estar em qualquer região do mundo. Os indivíduos, por sua vez, tornaram-se novas unidades de negócios, e o poder econômico irá se concentrar nas cidades-Estado. Para isso, contaremos com as variáveis: transportes, telecomunicações, qualidade de vida, educação e descentralização governamental.

COMUNICAÇÃO, MARKETING E PUBLICIDADE

A comunicação faz parte da estratégia de negócios das empresas e das políticas das instituições. As companhias que ainda não perceberam essa inevitabilidade estão perdendo oportunidades ou sendo ameaçadas de serem surpreendidas pela concorrência.

A organização tem interesse em ser notícia, a assessoria tem interesse em que isso aconteça, e os meios de comunicação querem atingir determinados receptores. Assim, o trabalho de uma assessoria é fazer com que a empresa se torne notícia. E quando é o momento de a empresa ser notícia? Já ao nascer, ela precisa se comunicar. Quando a empresa é formatada, precisa dizer a que veio.

A empresa é uma integração de fatores: capital, trabalho, processo tecnológico e pessoas. Eles se juntam para gerar um produto, que pode ser um bem de consumo de massa, como um refrigerante, ou um bem durável, como um automóvel. Você, leitor, pode acrescentar na lista algum produto que lhe venha à lembrança.

Tais produtos devem chegar ao consumidor. Quem os fará chegar ao consumidor? O sistema de comunicação, cuja finalidade é mostrar que o produto existe e pode ser adquirido nas lojas – seja um sistema de comunicação simples, em que o produto é vendido de porta em porta, seja um sistema de comunicação complexo, no qual ele é colocado nas gôndolas dos supermercados.

O produto só passa a existir quando aparece nos cartazes publicitários, *outdoors*, no rádio, na TV e na internet. Por isso, no momento em que uma empresa passa a existir, surge sua necessidade de comunicação.

Considerando as feiras de negócio como ilustração, até 2008 eram montadas anualmente 150 feiras nacionais e internacionais em São Paulo. Visitadas por 6 milhões de pessoas, elas obtinham cerca de R$ 3,2 milhões de faturamento, com 80% dos negócios gerados nesse ambiente, o que é considerado um bom retorno. Muitas vezes, os resultados podem não ser estupendos, mas só a visibilidade garantida já paga o investimento nas feiras de negócios.

Comunicação não deve ser identificada com marketing – foco no público externo, principalmente no papel de consumidor – somente. É muito mais que isso. Ela é uma função de gestão e tem de, necessariamente, permear a organização.

O marketing é a arte de descobrir oportunidades, desenvolvê-las e lucrar com elas. Foi a grande ferramenta das empresas durante a Revolução Industrial, mas o seu uso excessivo o transformou em algo cansativo e enfadonho.

A ferramenta das empresas na nova era é a comunicação, e comunicar-se bem se tornou a última vantagem competitiva. Vivemos em um tempo em que os quatro *Ps* do marketing (preço, produto, ponto de venda e promoção) podem ser rapidamente igualados pela concorrência.

Há uma vasta malha de comunicação em expansão na sociedade brasileira, decorrente também da expansão da organicidade social.

A figura do assessor ou consultor de comunicação institucional projeta-se nesse cenário de crescimento, devendo ganhar maior espaço ainda no grande território das entidades intermediárias da sociedade. Sua missão será sempre a de planejar e operar estratégias, posições bem mais consistentes que o simples estreitar de relações com a mídia.

Como deve ser o tratamento dos profissionais de comunicação com a empresa e com a opinião pública?

O tratamento deve ser cada vez mais ancorado no profissionalismo, a postura profissional deve estar presente em todos os momentos. Profissionalismo significa o entendimento do negócio da empresa e o ajustamento entre os interesses da empresa e os interesses da sociedade.

É preciso que o profissional respeite os valores morais, espirituais e até os valores de ordem material da opinião pública. Ele deve sempre procurar fazer uma leitura adequada dos comportamentos sociais para conseguir estabelecer estratégias compatíveis com tais comportamentos.

Trata-se de uma competência que lhe propiciará ascender ao patamar de estrategista e, assim, exercer funções mais elevadas, extrapolando sua interferência no ambiente da organização e tornando-o um agente político na construção de uma sociedade mais consciente de direitos e deveres.

A área de comunicação social da organização envolve os atos da comunicação indiretos, unilaterais e públicos, ou seja, as ações de comunicação coletiva ou de massa, por meio de jornais, revistas, rádio, televisão e as novas mídias. A irradiação das mensagens se volta tanto para os circuitos internos quanto para os externos.

Entre os objetivos gerais da comunicação social está projetar um conceito adequado das organizações perante seus públicos, conceito consistente com suas políticas, crenças e seus valores; criar, manter e desenvolver formas de comunicação que contribuam para a melhor operacionalidade dos sistemas e das atividades; desenvolver harmoniosamente o espírito de equipe; projetar em centros irradiadores de opinião e poder o pensamento ideológico da organização; acompanhar e preservar o meio ambiente, criando e desenvolvendo representações ao lado dos Poderes institucionais do País.

As atividades conjugadas de relações públicas e de publicidade têm como objetivo, em linhas gerais, melhorar a comercialização de produtos e serviços e/ou imagem pessoal ou institucional. Elas constituem, no seu conjunto, o amplo universo da comunicação social, em que deve haver estreita cooperação e soma de esforços.

Cada uma dessas áreas poderá gerar fatos ou revelar dados de interesse jornalístico, que poderão ser noticiados. O trabalho de assessoria de comunicação poderá, em contrapartida, dar suporte e reforço para ajudar as demais áreas a alcançarem seus objetivos, com a divulgação dos eventos, ideias e contratações.

O estudioso norte-americano da administração Peter Russel observa que cerca de 90% dos problemas das empresas giram em torno da comunicação (e, mais precisamente, da ausência dela) e que a tendência para as próximas décadas é esse percentual aumentar ainda mais.

COMUNICAÇÃO INTERROMPIDA

Problemas tecnológicos são facilmente detectáveis e rapidamente solucionados. Os problemas de comunicação, no entanto, muitas vezes nem sequer são considerados na medida do necessário. São eles que estão na base dos grandes conflitos dentro das empresas, sobretudo quando há decisões e ações com metas em jogo.

Contudo, as pessoas, por não terem consciência dessa magnitude do desafio, acham que as dificuldades de comunicação são problemas menores, não relevantes. Isso mostra como a falta de comunicação se dá em vários níveis, alguns muito sutis e nem mesmo perceptíveis.

Por isso, o mundo real das empresas exige – cada vez mais – habilidades de comunicação para, por meio dela, ser possível melhor liderar, orientar, negociar, planejar e implementar atividades estratégicas. E para fazer tudo isso é preciso que se tenha, antes de tudo, uma atitude ética.

O trabalho desenvolvido pelas assessorias de comunicação tem sido divulgar a empresa e publicar material que custa menos que um anúncio em qualquer veículo de comunicação. Mas uma tarefa não exclui a outra. A publicidade deve ficar com agências de propaganda, e os serviços de comunicação, com o trabalho de assessoria de comunicação empresarial.

O trabalho de uma assessoria de comunicação fortalece a marca para obter maior credibilidade. Quando uma empresa é citada em matéria, ela entra na constelação das estrelas que são mais respeitadas pelo público. Os concorrentes recortam as reportagens e estudam o que as empresas estão fazendo no item inovação, o que as diferencia das demais organizações.

Hoje as demandas da economia são cada vez mais direcionadas pelo mercado e se tornam parte da discussão para jornalistas e empresas, as quais estão em uma competição cada vez mais acirrada para conquistar os profissionais de mídia e se tornar fontes para eles. Isso faz com que a comunicação seja peça fundamental no processo de busca de clientes.

De nada adianta a empresa conquistar um diferencial de qualidade no mercado ou vencer etapas para atingi-lo sem que ninguém tome conhecimento desse esforço. Quando tal diferencial é obtido, é importante que esse conhecimento faça eco no mercado. Assim, torna-se imprescindível desenvolver e colocar em prática uma política de comunicação efetiva e eficaz, pois ela é a garantia de sucesso.

É comum ouvir a mesma pergunta: a partir de que tamanho de uma empresa justifica-se a assessoria de comunicação? É claro que as grandes organizações, em função de sua complexidade, maior número de empregados e maior volume de negócios, necessitam mais vezes recorrer aos serviços da comunicação organizacional. Mas isso não significa que pequenas empresas nunca precisem utilizar tais serviços.

Uma assessoria pode ter de uma só pessoa – o próprio assessor – até um número de profissionais que a caracteriza como uma típica redação de jornal (às vezes, em número maior de funcionários, como se vê em empresas sediadas em São Paulo e no Rio de Janeiro, se comparadas com muitas redações de determinados veículos de comunicação, que estão cada vez mais enxutas).

Em uma grande empresa prestadora de serviços básicos à população, os serviços de assessoria de comunicação podem ser prestados pelas seguintes alternativas: uma estrutura interna própria, que garanta o mínimo de condições de trabalho aos seus profissionais; contratação de serviços de terceiros (assessorias externas); uma estrutura mista, que mantenha uma assessoria interna para os trabalhos rotineiros e uma empresa sob contrato para eventos e determinados serviços especiais. Neste último caso, os trabalhos executados pela assessoria externa devem ser supervisionados pela assessoria de comunicação para que haja uma uniformidade de trabalho.

Do ponto de vista interno, a comunicação é necessária para ajustar o discurso e criar uma linguagem solidária, sistêmica, harmônica e integrada ao objetivo de efetuar a aproximação entre os objetivos da empresa e os objetivos de seus integrantes. Em síntese, é preciso que todos falem a mesma linguagem.

Campanhas para a mudança de padrões culturais são sempre planejadas quando a organização sente necessidade de mudar práticas e costumes tradicionais. Por exemplo: o velho costume de usar papéis em demasia, a rotina de acumulação de materiais, como tinta de impressão, e a má administração de tempo.

A comunicação torna-se a somatória de uma série de ações. Sua atuação ocorre de forma multidisciplinar, baseada em técnicas de jornalismo, relações públicas, publicidade, propaganda, promoções, recursos humanos, pesquisa e marketing. Nesse novo cenário, portanto, entram os profissionais em condições de gerir a comunicação de forma estratégica.

A comunicação é uma ferramenta eficaz para introduzir novos conceitos. Trata-se de um empreendimento a ser desenvolvido no médio e no longo prazos. Os projetos de comunicação, nesse caso, precisam incorporar os valores e princípios da nova ordem cultural.

ÍDOLOS Maquiavel – Olhar Atento

Maquiavelismo é uma expressão usada especialmente na linguagem popular para indicar um modo de agir, na vida política ou em qualquer outro setor da vida social, falso e sem escrúpulos, implicando o uso da fraude e do engano, mais do que a violência.

Maquiavélico é considerado, em particular, aquele que se mostrar como um homem que inspira sua conduta ou determinados atos em princípios morais e altruístas quando, na realidade, persegue fins egoísticos.

A expressão maquiavelismo pode ser usada também no sentido técnico, para indicar a doutrina de Nicolau Maquiavel (1469-1527) ou, mais genericamente, a tradição de pensamento baseado no conceito de razão de Estado.

Considerado o fundador da moderna ciência política, e cujo nome, não por acaso, virou um adjetivo, Maquiavel é um dos mais penetrantes e lúcidos pensadores políticos. Ao longo dos séculos, estudiosos críticos tentam interpretar e compreender seu pensamento político-revolucionário. O livro *O príncipe*, que todo comunicador deve ler pelas observações agudas do autor a respeito do poder, é uma obra tida como precursora da moderna ciência política. Maquiavel, como todo bom comunicador deve ser, tinha um olhar atento a tudo que acontecia em seu redor.

Teve suficiente vigor intelectual para identificar, definir e sobre ele construir uma doutrina política em linguagem sumamente sintética.

A tragédia pessoal de Maquiavel daria um grande filme. Trabalhou e lutou por seu país, que ele tanto amou. Alcançou a imortalidade por meio de sua escrita.

Por acaso você conhece outros ídolos como Maquiavel? Quem? Aponte.

4 O que faz a Comunicação Empresarial

Um pouco de história, de memória. Vamos olhar o passado para projetarmos melhor o futuro.

Na Primeira Guerra Mundial (1914-1918), houve um bombardeio tão grande de propaganda que muitas atitudes públicas sofreram transformação importante. Houve, a partir daí, uma preocupação geral com todo o amplo assunto da opinião pública, da parte dos eruditos e também dos leigos.

Essa manipulação da opinião pública em larga escala levou os mesmos senhores a, em tempos de paz, refletirem bastante. Alguns, mais espertos, consideraram que tais talentos poderiam ser utilizados para engordar o cofre das empresas.

Veio a Grande Depressão da década de 1930 e a fé que o povo norte-americano tinha na livre empresa declinou. Milhares de norte-americanos ouviram e levaram para casa planos para participar na riqueza e outros remédios para os males econômicos em que estavam afundados. Além de vender os produtos, o comércio também tinha de se revender ao público. E essa tarefa tornava-se cada vez mais complicada pela agitação e intranquilidade trabalhista. É que as palavras podem ser ainda um indispensável instrumento de relações públicas, mas desde que orientadas de acordo com o interesse público, que aí ganha importância.

Corte para o nosso tempo. Em plena Guerra do Vietnã, nos anos 1960, o repórter Harrison Salisbury, do *The New York Times*, foi a Hanói, a capital do inimigo, para colher informação que lançou uma série de dúvidas a respeito das declarações do pessoal do Pentágono de que não havia bombardeios contra civis no Vietnã do Norte, tendo tais ataques apenas objetivos militares. A revelação de Salisbury, em 1966, e a cobertura cada vez mais crítica feita pelo repórter de texto e foto no Vietnã fizeram o público norte-americano despertar. Isso obrigou o governo a se retirar do conflito, mas não vitorioso, como se imaginava antes.

UM POUCO DE HISTÓRIA

Em 2008 houve a comemoração dos 200 anos de criação da imprensa no Brasil, um país de 500 anos.

O primeiro jornal brasileiro, *Correio Braziliense*, era impresso em Londres e trazido de navio por Hipólito da Costa em 1808. Sua principal característica relacionava-se às duras críticas que fazia a Portugal. Como não foi possível impedir que o jornal fosse impresso, D. João VI proibiu sua leitura e garantiu a compra de exemplares para evitar a publicação de críticas contra ele. Determinou ainda que a polícia recolhesse todos os exemplares encontrados por aqui.

Para se opor às ideias propagadas pelo jornal, o soberano criou a *Gazeta do Rio de Janeiro*, que divulgava apenas informações burocráticas e notícias favoráveis à Coroa portuguesa.

Só para lembrar algumas datas importantes relacionadas à imprensa: em 1908, Gustavo de Lacerda fundou a Academia Brasileira de Imprensa (ABI); em 1918, João Guedes de Mello presidiu o I Congresso Brasileiro de Jornalistas; e Getúlio Vargas oficializou, em 1938, o ensino de jornalismo no sistema educacional brasileiro.

A atividade de comunicação empresarial chegou ao Brasil com as indústrias e agências de publicidade dos Estados Unidos, atraídas pelo governo Juscelino Kubitschek, que investiu no ramo industrial. JK assumiu a presidência com a disposição de fazer "50 anos em 5", e criou condições para que viessem para cá empresas de capital estrangeiro, como as montadoras de veículos e fábricas de produtos de higiene.

Tradicionalmente, o trabalho de assessoria de comunicação é feito por profissionais que executam tarefas próprias nas instituições, como ocorre nos Estados Unidos e na Europa, e independe de o profissional ser jornalista, relações públicas, publicitário, administrador de empresa, engenheiro, especialista com pós-graduação em marketing ou de qualquer outra profissão. O importante é que entenda da comunicação.

No início, as atividades de assessoria de comunicação foram exercidas por profissionais de relações públicas, que obtiveram a regulamentação em 1968, iniciando a prática de assessoria de imprensa e despertando os interesses de jornalistas nessa área.

Começava também uma disputa entre profissionais de relações públicas e de jornalismo para ganhar o mercado de trabalho e, consequentemente, pelos fatos que virariam notícia nos veículos de comunicação de massa.

Porém, os jornalistas desses veículos não acreditavam no assessor de imprensa, pois consideravam que eles só queriam se promover. Hoje isso faz parte do folclore.

Diferentemente do material publicitário, que possui veiculação garantida mediante compra de espaço na mídia, o material jornalístico – produzido por entrevista, cobertura ou mesmo aproveitamento do *release* – não tem absolutamente qualquer garantia de veiculação. Por isso, quando a veiculação ocorre, é denominada espontânea.

O que vai garantir a veiculação, em princípio, é o interesse jornalístico do fato em questão, com base em critérios como ineditismo, relevância para a comunidade e peculiaridade. Deve-se conquistar o espaço e, para isso, é preciso fazer um imenso esforço, exercendo de modo exemplar o trabalho de assessoria de comunicação.

Trabalhar na assessoria de comunicação, no chamado "o outro lado do balcão", é tão fascinante quanto cumprir uma pauta em jornal. No curso de Comunicação, nos dois primeiros anos, por exemplo, enfatiza-se a relação profissional-mídia-sociedade, com destaque para a análise das questões das comunidades, oferecendo-se subsídios teóricos e práticos para que os alunos adquiram conhecimentos baseados em experiências de sua realidade, desenvolvam habilidades condizentes com a contemporaneidade e saibam posicionar-se profissionalmente com princípios éticos.

EFEITO LETAL

A comunicação deve considerar três itens. O primeiro é coordenar a integração das ações, programas e projetos, bem como buscar a otimização dos resultados. O segundo, integrar a comunicação com o marketing institucional e comercial. O terceiro compreende a fase de unificar o discurso, ou seja, utilizar as mesmas mensagens para todos os públicos.

A segmentação somente ocorre na definição dos programas e dos veículos, estes, sim, adequados às características do público. Contudo, é necessário dar sinergia às mensagens, por exemplo, o comunicador deve saber o que a empresa faz no campo social, tanto quanto o público interno e os chamados formadores de opinião.

Deve-se também evitar dissonâncias no discurso, como a empresa apregoar que está bem de vida e anunciar planos de corte de pessoal. Isso é mortal.

O diário holandês *Eisenhovens Dagblad* resolveu publicar uma edição inteira, em 1996, somente com boas notícias. No entanto, a edição coincidiu com o dia em que a maior fábrica de lá, a Phillips, fez o maior número de demissões, anunciadas na véspera. Manchete do jornal: "Lucro da Phillips deve crescer". A experiência, evidentemente, não foi repetida em 1997 nem nos anos seguintes. Boa matéria é aquela que responde ao que aconteceu, quando conta tudo.

Uma assessoria tem de rever sempre a maneira como as notícias são oferecidas aos veículos. Houve progressos técnicos para fazer os contatos, mas não houve progresso para usá-los corretamente. Calcula-se que 90% do conteúdo de uma caixa postal de jornalista vai para a lixeira. Na chuva de informações e solicitações, muitas vezes, o profissional se perde; além disso, ele lê a notícia que recebe de outros veículos, não só de sua empresa. Há também incorporado na rotina das redações o termo deletar.

É preciso entender a comunicação como um processo de integração entre a organização e a sociedade, valorizando-se a informação sobre o produto, sobre valores da organização, criação de climas favoráveis à compra e ajustamentos internos das estruturas de comunicação organizacional.

Relações das empresas com a imprensa devem ser pautadas sempre por ética, transparência, respeito mútuo e profissionalismo. Assim, as empresas ganham credibilidade e confiança perante os profissionais da mídia. Contudo, para isso, é preciso conhecer o terreno muito bem, saber aonde se pisa.

A comunicação deve analisar e valorizar os próprios itens que estão na pasta da empresa, ou seja, elementos de identidade institucional que ajudam a construir e a fortalecer percepções no público. São eles: a história da empresa, o passado de contribuição à comunidade, à sociedade e ao país, os produtos e/ou serviços. De uma empresa de qualidade o consumidor espera produtos e serviços também de qualidade.

Do mesmo modo, convém traçar o perfil dos clientes, pois sua natureza ajuda a construir uma percepção sobre a empresa; o comportamento dos dirigentes, como vivem, como agem, como se posicionam e como tratam as pessoas, de preferência os subordinados.

Também é preciso entender e estudar com mais profundidade o perfil das mídias. As mídias são diferentes, possuem públicos distintos, usam linguagens específicas para transmitir informações, têm poder de penetração e interesses diversos. Os veículos e os jornalistas também possuem características próprias.

VEÍCULOS DE COMUNICAÇÃO

Jornais e revistas – são mais analíticos, aprofundam o tratamento das notícias. Os jornais e revistas semanais de informação determinam a agenda nacional de discussões e influenciam fortemente a opinião pública. O diário carioca *Jornal do Brasil* publicava às segundas-feiras uma coluna que dava uma ideia do que as revistas semanais abordam em suas reportagens de capa.

Qualquer veículo impresso aceita muito mais a reflexão do que propriamente a manchete. O jornal deve competir, sim, com outro jornal, nunca com a televisão.

Rádio – de modo geral, seu poder de penetração é subestimado. Privilegia debates sobre temas ligados à cidade e ao cotidiano, com enfoque mais popular.

Televisão – é a mídia que mobiliza as maiores audiências. Os noticiários econômicos e financeiros privilegiam temas de maior impacto na vida das pessoas, como aumento de taxas de juros e rendimento das cadernetas de poupança.

Trata-se de um veículo que dá notícia com cor, som e movimento. Muitas vezes, a notícia é transmitida ao vivo. A televisão é muito boa para se ter um impacto imediato. É um impacto emocional, com frequência superior mesmo ao do próprio jornal.

Como mencionado, os jornais não podem competir com a televisão. Mesmo assim, os diários comparecem com imagens e títulos cada vez maiores, textos cada vez mais curtos, dando mais a forma do que o conteúdo.

Jornalismo on-line – ganha cada vez mais poder e penetração, em diferentes formatos. Atualmente, em sua maioria, as pessoas que acessam a internet o fazem à procura de notícias.

Além disso, ele é mais ágil, privilegia a velocidade em detrimento do tratamento da informação e pauta os veículos tradicionais.

A evolução da informática e os avanços tecnológicos estão mudando a maneira de fazer negócios. Começamos a migrar da era da economia para a da comunicação. Quem detém informação e sabe qualificá-la certamente sai na frente da concorrência.

E, mais do que isso, as empresas devem usar todo o conhecimento para se comunicarem com o mercado, o que inclui clientes, fornecedores, parceiros, concorrentes, distribuidores e seus próprios funcionários.

MANUAIS DE ORIENTAÇÃO

Manuais orientam padrões de conteúdo e edição dos veículos, como o do grupo Lance, dedicado ao esporte. Manual de redação é um kit com manuais em que são dadas orientações editoriais, de atividade, de gestão e redação e, por último, de estilo, que vão orientar o padrão de conteúdo e edição dos veículos do grupo.

O primeiro define os valores editoriais e o que se espera dos profissionais, sejam setoristas de clubes, repórteres, colunistas, fotógrafos ou diagramadores. O manual de atividade, gestão e redação, por sua vez, destina-se apenas às editorias, estabelecendo fluxos de fechamento e as funções no processo de produção. Do último, sobre o estilo, constam a padronização do texto e da linguagem nas edições, além de um capítulo dedicado à ética e à postura profissional.

ÍDOLOS Napoleão Midiático

Nasceu em 1769 na Córsega, uma ilha sem importância política situada entre a França e a Itália, e teve uma infância pobre. Casou-se duas vezes, teve amantes. Venceu batalhas, conquistou poder e glória. Marcante pela habilidade militar, foi o maior general de todos os tempos. Seus métodos de guerra serviram de modelo para Stálin e Mussolini. Liderou exércitos com bravura e destemor.

Sobre a imprensa, Napoleão disse: "A liberdade de imprensa tem que se tornar nas mãos do governo uma potente auxiliar".

Outra controvérsia até hoje: não há certeza sobre o número de biografias de Napoleão. Mas uma coisa é certa: ele é o grande biografado depois de Jesus Cristo. Todo mundo conhece o louco, o excêntrico, o grande estrategista, o gênio capaz de posar com gestos tresloucados.

O cemitério Père Lachaise, atualmente o mais disputado em Paris, era uma desolação ao ser inaugurado, em 1803. O general e imperador da França queria que todos os parisienses levassem seus mortos para lá. Contudo, o cemitério ficava muito longe. Foi aí que Napoleão recorreu a um golpe de marketing para fazer com que os parisienses mudassem de ideia. Um gênio também com relação à mídia.

Napoleão ofereceu a companhia póstuma de escritores como Molière e La Fontaine, e a de um dos casais de amantes mais célebres da história, Abelardo e Heloísa, da Idade Média. Ele, um quarentão, filósofo, professor, e ela, sua aluna, com 17 anos (alguns historiadores juram que ela tinha 12 anos). Só que Abelardo se apaixonou e engravidou Heloísa. O tio da menina imaginou que Abelardo a rejeitava e mandou castrá-lo. Heloísa se refugiara em um convento e ali permaneceu. Os dois se tornaram religiosos e trocaram cartas de amor até a morte. Depois deles, mais de um milhão de pessoas foram enterradas no mesmo cemitério.

O escritor irlandês Oscar Wilde, o cantor de rock norte-americano Jim Morrison, a cantora de ópera Maria Callas encontram-se no mesmo local, ao lado dos também ilustres Rossini, Chopin, Bizet, Modigliani, Delacroix, Gustave Doré, Appolinaire, Proust, Gertrude Stein, Sarah Bernhardt, Isadora Duncan, Edith Piaf, Allan Kardec e tantos outros.

Napoleão morreu aos 51 anos, em uma pequena ilha no Atlântico Sul, Santa Helena, em 1821. Muitos acreditam que os ingleses o envenenaram com arsênico, mas já há estudos que reconhecem como causa de sua morte um câncer de estômago. De qualquer forma, assim deixou de existir um dos mais idolatrados e detestados homens de todos os tempos – e um dos que mais influenciaram a História de nossa era.

Você se lembra de alguém com a genialidade de Napoleão?

Quem?

5 Diálogos Interno e Externo

Para uma empresa crescer e se desenvolver, bem como para poder oferecer produtos e serviços cada vez mais adequados às necessidades da sociedade, é preciso que haja troca de informações constantemente.

Comunicação empresarial é o conjunto de métodos e técnicas de comunicação dentro de uma empresa dirigida aos públicos interno (funcionários) e externo (clientes, fornecedores e consumidores).

A função da comunicação empresarial é promover, desenvolver e manter a relação das empresas com seus públicos interno e externo mediante um conjunto de atividades e técnicas destinadas à difusão da informação.

A comunicação empresarial, considerada ferramenta estratégica, deve trabalhar com intensidade na competitividade, criando a todo tempo inovação de produtos e serviços, colocando-os com diferenciais no mercado e, ao final, mostrar bons resultados.

COMUNICAÇÃO INTERNA

A rotina de uma assessoria de comunicação visa afinar os diálogos interno e externo.

São tarefas diárias planejar e desenvolver instrumentos da comunicação para os públicos externos (clientes, fornecedores, governo, imprensa, acionistas, entre outros). Criar folhetos e campanhas institucionais, relatórios anuais, eventos e publicações são outros exemplos das múltiplas habilidades da profissão.

Quanto à comunicação interna, deve ser planejada para viabilizar o ambiente saudável de trabalho, incrementar a qualidade, reforçar a segurança e garantir ganhos de produtividade.

O desenvolvimento e o emprego de técnicas apropriadas para cada situação é uma das especialidades do profissional de comunicação empresarial.

Os *house organs* (jornais internos), os murais, as campanhas internas, tudo o que diz respeito à comunicação com os empregados ou colaboradores pode ter seus resultados maximizados se for entregue às mãos credenciadas especificamente para essas tarefas.

As atividades internas são trabalhadas pela comunicação interna e pelo endomarketing, que mantêm informação importante para os colaboradores sobre objetos, performance e metas da companhia.

Uma empresa que tem poucos funcionários não precisa de uma agência que trabalhe a comunicação interna, pois nela a comunicação empresa-empregado acontece de forma intuitiva, muitas vezes por meio do "olho no olho" e da "mão na mão". Em empresas pequenas, "a barriga do dono encosta no balcão".

Uma grande empresa, no entanto, necessita de um processo estruturado de canais, instrumentos e ações para fazer com que sua cultura, seus projetos e desafios sejam disseminados entre os milhares de empregados que possui.

Grandes empresas, com sua complexidade negocial, com seu maior número de empregados e maior volume de transações, necessitam mais da comunicação organizacional. Do ponto de vista interno, a comunicação é necessária para ajustar o discurso, criar uma linguagem solidária, sistêmica, harmônica e integrada, para aproximar os objetivos da empresa e os objetivos de seus participantes.

Pequenas empresas também se interessam pelas assessorias de comunicação, pois precisam mostrar seus produtos, suas habilidades e suas possibilidades.

Em suma, cada tipo de empresa demanda um tipo de comunicação – e, com isso, não estamos nos referindo apenas à questão financeira. Uma empresa de varejo que possui mais de cem lojas não tem como fazer com que seu presidente esteja em todas as unidades em um único mês. Isso determina a necessidade de um canal específico, por exemplo, um programa de televisão para que todos possam ter acesso ao que o presidente pensa.

É nesse contexto que se estabelece ou não a necessidade de uma empresa contratar uma agência de comunicação interna que fará o planejamento, a criação, a finalização, a produção e a implementação de um processo estruturado e sistemático de comunicação.

Os novos parâmetros do dia a dia dos profissionais de comunicação impostos pela dinâmica contemporânea, além de alçar a comunicação empresarial definitivamente à área estratégica nas organizações, exigem que esses profissionais adquiram, cultivem, propalem e exerçam a nobre função de educadores.

Para isso, é preciso preparar-se, municiar-se de informações e experiências que possibilitem o exercício da função de maneira a adicionar valor à própria atuação e, por consequência, à marca, diante do possivelmente mais estratégico e prioritário dos públicos: os trabalhadores da empresa.

Assim, os comunicadores terão a oportunidade de aliar experiência com conhecimento teórico e prático, e estratégias testadas por profissionais de primeira linha em marcas importantes no cenário empresarial.

A comunicação interna já deixou de ter uma dimensão apenas nacional. O desafio hoje é fazer com que os materiais que são planejados e criados sejam produzidos e cheguem em mais de 20 países diferentes não apenas dentro do prazo mas também com um conceito adequado à cultura local.

A globalização dos negócios, a mudança significativa no perfil do consumidor e a emergência das novas tecnologias passaram a exigir uma nova postura em termos de comunicação interna nas empresas. Os *house organs* devem refletir esse novo cenário, deixando de figurar como meros registros formais do dia a dia das organizações.

A comunicação interna tem por objetivo informar, gerando credibilidade e confiança; motivar, mostrando claramente o foco dos negócios; e integrar os empregados, estimulando posturas interativas, comprometimento e mobilização para as metas, pois ainda existe o sentimento de equipe. Desse modo, seus integrantes tornam-se mais produtivos e criam um clima favorável para o crescimento e o desenvolvimento da companhia.

Essa comunicação promove o fluxo de informações na gestão empresarial, cria nas pessoas o sentimento de "pertencer" e ajuda a construir o futuro da organização.

As empresas devem valorizar os seus públicos internos, que vão dos funcionários operacionais e administrativos até os seus líderes. Muitas vezes, esses detalhes são deixados de lado para se dar mais importância à comunicação institucional, mercadológica e administrativa.

São três as linhas de atuação da comunicação interna: envolvimento, que se trata de comunicar todos os funcionários sobre a empresa, a concorrência e o mercado, deixando-os preparados para atender ao público externo (clientes, imprensa, acionistas, fornecedores, comunidade e governo); motivação, para que todos participem da atualização das metas e da campanha interna; e comprometimento com a valorização do relacionamento interpessoal.

A comunicação interna está diretamente ligada à cultura organizacional de uma empresa. Portanto, trabalhá-la é respeitar todas as diferenças e utilizar como ferramenta estratégica a compatibilização dos interesses dos empregados e da empresa, pelo uso contínuo e sempre renovado de jornais, murais, intranet etc.

Quanto melhor o processo de comunicação, mais dinâmica e eficiente será a organização. E uma boa comunicação no trabalho pode ajudar a:

- melhorar o relacionamento entre colegas, equipes e unidades;
- buscar mais facilmente a troca de opiniões e ideias para essas melhorias;
- transmitir com mais clareza decisões e mudanças;
- manter todos os colaboradores bem informados sobre o trabalho, objetivos e resultados da companhia;
- identificar mais precisamente as necessidades do mercado e a satisfação dos clientes;
- estabelecer parcerias mais sólidas;
- tornar o produto mais bem conhecido;
- fortalecer a imagem da marca.

COMUNICAÇÃO EXTERNA

Do ponto de vista externo, é necessário tornar a empresa mais conhecida no mercado, para atender e satisfazer aos consumidores.

É fundamental o cuidado com a "aparência", com a "cara" da empresa, pela qual é analisada sua saúde financeira, que é vista em sua imagem. É fator diferencial da concorrência uma empresa bem estruturada e administrada; isso significa que presta um bom trabalho.

Nos momentos difíceis, em que a comunicação emperra e o empresário não sabe que caminho tomar, entra em cena o consultor de comunicação. Isso não significa que ele seja mais inteligente, mas, sim, que sua formação foi dirigida para desempenhar esse papel.

Uma das principais tarefas que a assessoria de comunicação tem sob sua responsabilidade é a permanente interpretação crítica e seletiva do ambiente exterior. Esse trabalho permite-lhe ampliar sua capacidade de detectar indícios de alterações nas várias áreas e segmentos da sociedade (setores políticos, econômico-financeiros, sindicais, estudantis, científicos e outros) e de, assim, antever objeções, inconvenientes e mal-entendidos a alguma ação planejada tendo por objetivo os usuários de seus serviços.

Esse trabalho é de extrema utilidade para os centros decisórios de qualquer instituição. Com ele, a assessoria de comunicação poderá colaborar com os setores de planejamento estratégico e político dos assessorados. Poderá tornar-se, ainda, a consciência que ajuda na identificação dos acertos e erros, sugerindo formas de aperfeiçoamento ou homologando impressões.

Assim, na medida em que a assessoria de comunicação tenha acesso às discussões sobre o futuro e a estratégia dos assessorados, seja em reuniões de diretoria, seja no convívio com a presidência ou titular, maiores informações terá no que diz respeito às suas preocupações e aos seus pontos de interesse. Resultado: poderá trabalhar mais adequadamente, direcionar melhor os seus esforços e obter bons resultados.

O empresário precisa enxergar no comunicador mais do que um operador, precisa ver nele o estrategista, um assessor próximo, cuja contribuição será decisiva para a articulação de um discurso adequado e de uma identidade organizacional compatível com os negócios.

Por seu turno, o cliente deve ser tratado com respeito, por meio de um trabalho realizado continuamente, de contato frequente, seja externo ou interno, para avaliar o seu grau de satisfação e obter, assim, o *feedback*, além de concorrer com informação de qualidade, consistência e periodicidade.

A tecnologia promove um ambiente superinterativo, ágil e de fácil acesso à informação, em que o público interage direta ou indiretamente, com ou sem controle e planejamento.

A empresa que tem capacidade de competir de forma que utilize diferentes canais de comunicação para atender a diferentes clientes, ou seja, respeitando o perfil de cada um, está sempre à frente da concorrência.

Creio que não há dúvidas, mas caso persistam ideias antigas da chamada "tática da avestruz", que consiste em se esconder, a pergunta é inevitável: por que falar à imprensa?

Falar à imprensa é importante para que a empresa possa divulgar atividades, negócios, produtos e serviços, difundir as suas mensagens e os seus valores; garantir a sua versão em fatos controversos que lhe dizem respeito; defender os seus direitos e interesses; tornar a si e seus porta-vozes referências no setor; esclarecer dúvidas sobre o negócio e posições da companhia; prestar serviços à população por meio da informação qualificada etc.

Um bom relacionamento com a mídia deve se basear em credibilidade, transparência e respeito mútuo.

As fontes das empresas precisam entender a função democrática da imprensa e estar sempre disponíveis para atender aos jornalistas.

O jornalista entende a recusa de uma fonte de dar entrevista, desde que os motivos sejam justos e explicitados. Por exemplo, a empresa pode explicar perfeitamente que não é possível fornecer informações sobre uma operação estratégica ainda em fase de planejamento, sob riscos vários.

Estratégia é a palavra-chave. O sucesso do trabalho de divulgação de uma empresa depende, essencialmente, de um planejamento estratégico de comunicação. Esse planejamento define, em primeiro lugar, os temas, enfoques e mensagens aos quais será dada a prioridade para a obtenção dos resultados pretendidos. Também determina as mídias e os espaços (editoriais e seções) que serão trabalhados, os jornalistas que serão contatados, o momento oportuno para divulgar determinadas informações e as ferramentas adequadas para a divulgação jornalística.

Linguagem, outra palavra essencial: a chamada linguagem jornalística, usada pelas empresas em sua relação com a imprensa no trabalho de divulgação, caracteriza-se pela objetividade, concisão, clareza e precisão.

O texto tem de ser simples, sem palavras ou adjetivos complicados, sem o uso de vocábulos em língua estrangeira e termos técnicos desconhecidos dos públicos de diferentes veículos de comunicação. Quanto maior e mais heterogêneo o público ao qual se dirige uma informação, maior a necessidade de se utilizar linguagem simples – um meio-termo entre a norma culta e a linguagem coloquial.

A linguagem jornalística caracteriza-se por frases curtas, na ordem direta, sem muitas orações intercaladas. Deve, porém, ter ritmo e cor para atrair a atenção do leitor/telespectador/ouvinte.

Um dos desafios que as assessorias encontram é como enfrentar a abordagem em diversas linguagens, uma vez que os estados brasileiros possuem culturas muito diferentes. A festa de São João é muito importante para os estados nordestinos, mas isso não acontece na região Sul. Da mesma forma, a literatura de cordel pode ser uma excelente estratégia para uma unidade no Nordeste, mas pode não ser entendida ou assimilada nos estados do Centro-Oeste.

Hoje, no entanto, o desafio ainda é maior, porque empresas brasileiras passaram a fazer aquisições internacionais e estão tendo que aprender a falar a língua e entender a cultura dos seus funcionários estrangeiros – uma mudança que tem refletido diretamente no atendimento enquanto assessoria de comunicação. Não basta apenas traduzir, é preciso versar, ou seja, entender o que serve e o que não serve para determinada cultura.

A tradução de materiais para idiomas como inglês, espanhol, francês, japonês, chinês, norueguês, mongol, entre outros, já é uma constante no dia a dia das agências que atendem clientes como as brasileiras – e hoje transnacionais – Vale e Gerdau. Mas é preciso ir além.

É necessário fazer um aprofundamento na cultura de cada país, sob pena de não utilizar a linguagem mais adequada para que os conceitos dessas empresas sejam disseminados entre os seus empregados estrangeiros. Um símbolo que representa o comprometimento em uma nação pode representar outro conceito completamente diferente em outro país.

Ficou conhecido nos meios empresariais o caso de um alto funcionário de companhia que recepcionou um grupo de indianos que tinham a intenção de se estabelecer no Brasil. Esse encarregado de fazer as honras da casa convidou os indianos para almoçarem em famosa (e cara) churrascaria. Como se sabe, na Índia a vaca é um animal sagrado. Nada ofende mais a um indiano do que convidá-lo para banquetear com carne bovina. O resultado, pode-se concluir, foi simplesmente desastroso.

A análise das diferenças culturais e subculturais entre a força de venda e os clientes ajuda a empresa a evitar vários problemas que podem surgir por meio de declarações ou ações inapropriadas. Por exemplo, ao lidar com executivos japoneses, não se pode mostrar que sua força de venda é muito enérgica nem agir de maneira muito informal com esse povo, que é respeitador e educado.

Nas empresas, a multiplicidade de destinos também é um importante desafio. Produzir aqui e enviar para fora, tendo que enfrentar os problemas de logística e as variáveis incontroláveis das aduaneiras, ou produzir localmente, economizando o custo de logística, porém convivendo com as dificuldades de revisão e de aprovação a distância?

E como deve se comportar um executivo ao falar com a mídia?

Para evitar erros e distorções, o entrevistado deve falar de forma pausada, expor com clareza e objetividade informações e opiniões, e certificar-se de que o jornalista entendeu o que disse.

A distribuição de material de divulgação – *press releases*, *folders*, pesquisas e infográficos – também ajuda a reduzir a possibilidade de erros.

As atividades externas englobam os trabalhos de publicidade, propaganda e marketing, que usam o poder da marca para acrescentar personalidade e significados aos produtos, serviços e à empresa – e também ao trabalho da assessoria de comunicação, que faz eco no mercado ao informar os diferenciais, qualidades e conquistas da empresa, a qual ganha, assim, o reconhecimento do público.

Publicidade e propaganda na comunicação externa

Publicidade e propaganda são instrumentos de comunicação mercadológica que as empresas usam para persuadir seu público-alvo com razões e argumentos – verdadeiros ou não – para que ele acredite em algo que afetará sua estrutura psicológica e seu comportamento social, provocando mudanças de valores que modificarão suas atitudes sobre algum aspecto da realidade ou o farão realizar uma ação, como o impulso para adquirir determinado produto.

A importância atual da publicidade e da propaganda se deve a dois fatos novos na sociedade de massa: o distanciamento entre os produtos de bens ou de ideias e o consumidor, e o abandono de procedimentos e ideias estigmatizados.

Tanto publicidade quanto propaganda nascem da industrialização; são efeitos e propulsores da Revolução Industrial, com o advento da produção em série, da urbanização, das grandes lojas de departamentos, dos meios de comunicação de massa e da elevação do nível de vida.

A publicidade faz a prosperidade e a prosperidade faz a publicidade. O mercado sofreu uma grande mudança com o início da fabricação massiva de produtos, e as empresas passaram a produzir mais do que as pessoas consumiam, e, quando se produz em massa, é necessário que a venda também seja em massa – e sem aumentar o estoque, porque, se isso acontecer, o faturamento cairá, o que pode levar a empresa à falência.

Identificado o desequilíbrio, vem a necessidade de ofertar o produto e, consequentemente, de utilizar a publicidade e a propaganda para fomentar a venda e estimular a demanda.

As empresas sentiram a necessidade de comunicar-se com seu público externo, e a publicidade começou a oferecer os objetos de consumo para os meios de comunicação de massa, os quais, por sua vez, passaram a ser financiados pelas companhias por meio da compra de espaço em jornal, tornando possível a sua existência e permanência no tempo.

Como o custo do investimento é muito alto, publicidade e propaganda devem identificar qual é a meta da empresa e conhecer o produto ou serviço para seja oferecido ao mercado em tal quantidade que sua promoção justifique o uso dos meios massivos.

Em seguida, é necessário planejar, criar e produzir um anúncio ou conjunto de anúncios denominado campanha, que deverá ser veiculado, isto é, inserido em um espaço comercial.

Publicidade e propaganda consistem no processo de disseminação de ideias por meio de múltiplos canais para promover no grupo ao qual se dirigem os objetos do emissor – não necessariamente favoráveis ao receptor; implica, pois, um processo de informação e um processo de persuasão.

Propaganda é a expressão de uma opinião para indivíduos ou grupos, deliberadamente orientada a influir na opinião ou nas ações de outros indivíduos ou grupos para fins determinados.

Já a publicidade tem a capacidade de agrupar em torno de um ponto comum as linhas individuais de conduta existentes dentro da massa, visando unicamente convencer a pessoa a comprar determinado produto.

Marketing e comunicação externa

Uma das tarefas essenciais na área do marketing é verificar o comportamento do consumidor, pois a maioria das compras é feita com base na emoção, e não na razão. Daí a importância de se descobrir o que motiva o consumidor a preferir determinado produto.

Marketing é a atividade de planejamento. Por isso, necessita de pesquisa. Deve-se coletar informação e, em seguida, proceder à análise das oportunidades do mercado.

A base de qualquer negócio é um produto ou serviço. Uma empresa tem por objetivo oferecer um produto de maneira diferente e melhor para que o mercado-alvo venha a preferi-lo e até mesmo pague um preço mais alto por ele. Os marqueteiros acrescentam a seus produtos benefícios adicionais e atribuem preço à oferta como um todo, além de criar diferentes variações e dar ao cliente opções de escolha.

Uma das tarefas essenciais é construir a imagem certa da empresa e, para isso, deve-se examinar os diferentes aspectos da empresa que formam a visão que o cliente tem ou terá dela. Por sua vez, as necessidades dos clientes mudam, e para descobri-las é preciso um processo de *feedback* interativo que forneça uma possível dedução, obtida pelo trabalho de carta-resposta, estendendo até a um canal de comunicação receptor utilizando-se *call center*.

Alguns dados interessantes

A globalização propiciou a abertura do universo da locução. Os discursos empresariais se tornaram intensos e provocaram mais ecos. As novas tecnologias alteraram o marketing das empresas. A internet e outras formas de mídia tornam cada vez mais vital a comunicação direta com o consumidor.

Pela primeira vez, o fabricante passou a ter acesso direto ao consumidor, sem intermediário. Por sua vez, com a internet e outras formas de comunicação, o consumidor passou a escolher o momento em que deseja ser abordado.

Acontece que a tecnologia, como nunca acontecera antes, é maior do que a capacidade do ser humano de assimilar as mudanças culturais e torná-las parâmetros de uma nova era. É por isso, entre outros motivos mais aparentes (como a sinergia, comprometimento dos recursos humanos com a qualidade), que a comunicação torna-se cada vez mais uma das mais estratégicas e decisivas ferramentas de gestão empresarial.

Dificuldades de comunicação podem provocar guerras ou destruir a imagem de uma grande companhia em questão de minutos. Ainda assim, governantes e executivos costumam relegar a segundo plano o papel da comunicação (em seu sentido amplo). Muitos somente vão reconhecer esse equívoco quando a "casa" já está pegando fogo e os "bombeiros" – ou seja, os profissionais – não podem fazer nada a não ser cuidar do rescaldo, e a organização, da "reconstrução".

A percepção da comunicação como fator estratégico, de efeitos a longo prazo, só ganhou força mais recentemente. Em função da abertura da sociedade, dos novos horizontes com a quebra dos padrões autoritários, os empresários começaram a aparecer nos meios de comunicação e a marcar presença nos jornais por meio de entrevistas e artigos, nos quais defendem ideias e conceitos. Ainda são poucos, mas com o tempo terão de perceber que o cenário que se apresenta diante de seus olhos é absolutamente novo.

O bom relacionamento empresa-mídia é um canal permanente de mão dupla, e não um instrumento do qual a empresa só lança mão quando precisa. O jornalista não aborda somente o assunto da companhia. O que ele faz é a citação de suas atividades sem ter qualquer compromisso, uma vez que o espaço não é comprado como se faz com um anúncio publicitário.

Um dos maiores desafios do profissional de comunicação está na capacidade de saber ler cenários e projetar situações. A comunicação é um sistema-meio que se espelha na moldura ampla dos ambientes social, político e econômico. Os generalistas são figuras que integram tal conceito. Com visão abrangente, passam a ser disputados no mercado. São eles que estão mudando o pensamento das cúpulas empresariais a respeito da importância da comunicação.

Convém lembrar que, no Brasil, a relação comunicação-eficácia-produtividade sempre esteve muito relacionada ao lucro. Comunicação, na visão da maior parte dos empresários, deve dar lucro, trazer resultados imediatos. Muitos empresários ainda confundem trabalho a longo prazo com uma simples venda em balcão, o chamado "toma lá dá cá".

Considerando essa realidade, trazemos alguns dados sobre a população brasileira quanto a seu acesso a diversas mídias, e o leitor poderá pensar sobre as possibilidades de atuação dos profissionais da comunicação em todos esses canais:

- Segundo o Ibope, no ano de 2008, cerca de 32 milhões de brasileiros acessavam a rede mundial de computadores.
- Outro dado curioso a que precisamos estar atentos: o brasileiro é o povo que mais tempo passa navegando na rede mundial de computadores. Em 2008, o tempo médio que o brasileiro navegava pela internet era de 23 horas e 51 minutos por mês, segundo o Interactive Advertsing Bureau. Era a segunda mídia mais abrangente do Brasil. Só perdia para a TV aberta.
- A internet chegou ao Brasil em 1988 como ferramenta de pesquisa científica. Já se vendem mais computadores do que televisores no País.
- O brasileiro ultrapassava, assim, os franceses e os norte-americanos. O Ibope calculava que havia 32 milhões de internautas. O diretor-geral do Portal Terra, Paulo Castro, festejava: "É a sexta maior população da internet do mundo".
- O aumento dos números foi impulsionado pelo aumento de venda de computadores e pela disseminação de acesso em escolas e *lan houses*. A chamada classe C foi a que mais cresceu em participação dos brasileiros.
- Dados da Organização Internacional do Trabalho mostram que hoje há mais mulheres trabalhando em redações no Brasil e no exterior.
- O Tribunal Superior Eleitoral constatou, em 2008, que havia 130 milhões de eleitores no país, e que 67,5 milhões, ou 51,7% – a maioria – eram mulheres.
- O primeiro computador foi construído em 1944. Ninguém imaginava que essa invenção seria capaz de mudar em tão pouco tempo a forma de viver e pensar das pessoas.
- Das 18h às 24h, o chamado horário nobre na TV é responsável por 80% da publicidade.
- No Brasil, calcula-se que 150 milhões de pessoas têm na TV sua única fonte de informação e 80% por meio da Rede Globo. De cada R$ 1,00 real investido em publicidade, a metade, R$ 0,50, vai para a TV.
- A Globo abocanha R$ 0,35 de cada R$ 1,00 investido em publicidade.

- O telefone levou 40 anos para começar a ser usado por 10 milhões de consumidores. A internet, por sua vez, alcançou 10 milhões de pessoas em cinco anos.
- Celular: uma em cada três pessoas tem celular.
- No Brasil, há 130 milhões de celulares registrados para uma população de 180 milhões de pessoas.
- Por último, um fato estarrecedor: segundo o IBGE, em 2005, 75% dos brasileiros não eram capazes de entender o que liam.

CONCLUINDO

Hoje a comunicação empresarial amadureceu, mas ainda precisa identificar problemas e encontrar soluções para grandes desafios que a globalização, as novas tecnologias e os fortes concorrentes impõem.

Na maioria das empresas, a comunicação interna e a comunicação externa não estão conectadas porque esses setores estão terceirizados, trazendo como consequência diversos problemas decorrentes da falta de informação de ambos os públicos.

Atualmente, esse cenário já começa a mudar, dada a necessidade de a empresa ser sinônimo de seus produtos e/ou serviços – por exemplo, Ford é carro, Coca-Cola é refrigerante, Gillette é lâmina de barbear. Para isso, ela deve concorrer cada vez mais com suas "mercadorias", que são necessárias, acessíveis, compráveis e encontráveis, buscando um número maior de adeptos para levar a sua marca para toda a sociedade.

A união das áreas de comunicação externa e interna, com o objetivo de se fazer o planejamento estratégico da comunicação de uma empresa, é essencial para obter resultados satisfatórios e para que a comunicação empresarial seja lembrada pela somatória de todas as atividades de comunicação da companhia.

Assessoria de imprensa, de relações públicas, *lobby*, propaganda, promoção, endomarketing e marketing – sempre com o mesmo objetivo – levam a se instituir as metas, todas voltadas para os públicos interno e externo.

É preciso fazer a coordenação entre todos os instrumentos de comunicação. A atividade tem de ser integrada. Não adianta gastar fortunas em publicidade se a comunicação interna é ruim, deficiente, se os funcionários e a comunidade recebem um discurso fragmentado.

ESTUDO DE CASO As duas faces da comunicação

Cena 1 – O funcionário da empresa, ou colaborador, passa pelo mural e surpreende-se com um recorte de jornal divulgando um produto recém-lançado pela empresa em que trabalha, sobre o qual não teve qualquer informação.

Cena 2 – Emissora de rádio faz debate sobre marcas de produtos de higiene pessoal. De acordo com pessoas ouvidas nas ruas, a fábrica tem uma boa performance. Repórter da emissora liga para a indústria e pergunta se um tal produto era adequado à sua idade. O atendente fala com desenvoltura sobre o item de beleza, informando que não seria o mais apropriado para a "consumidora".

A comparação entre as duas cenas evidencia posturas opostas entre as empresas. Na primeira, é fácil deduzir o sentimento de exclusão que tomou conta do funcionário. Na segunda, o atendente transformou-se na pessoa mais importante da companhia. Qualquer evasiva, contradição ou desconhecimento poderia comprometer a imagem da empresa perante o público externo. Mas sua convicção e sua transparência certamente agregaram valor à marca.

Na origem desses dois desfechos tão distintos está a comunicação. Um dos pecados capitais consiste em privilegiar a comunicação externa em detrimento do público interno. O perigo de investir mais na comunicação externa é deixar o colaborador em segundo plano e minar o sentimento de parceria com a empresa.

Nesse caso específico, o que você faria?

a) Investiria mais na comunicação interna.

b) Continuaria a reforçar a comunicação externa.

c) Daria um peso maior apenas para uma das comunicações.

d) A comunicação interna e externa devem trabalhar sintonizadas.

Resposta: d

6 Processos de Mudança

Na elaboração de sua tese de doutorado, Paulo Nassar, professor da Universidade de São Paulo (USP) e diretor-geral da Associação Brasileira da Comunicação Empresarial (Aberje), ficou surpreso com o modo como a comunicação era exercida não muito tempo atrás nesta República:

- O tempo da incomunicação corporativa pode ser sintetizado por um filmete produzido pela ditadura de Getúlio Vargas, que apresenta os operários da Companhia Siderúrgica Nacional como um exército de bonequinhos de lata, sem cara, sem expressão, puro chão de fábrica. Com as transformações do ambiente da produção brasileira, baseada até então em *commodities* agrícolas, mas ampliada pelas políticas desenvolvimentistas para uma economia assentada também em bens de consumo, entre eles, eletrodomésticos e carros, a comunicação corporativa começa a mudar nos anos 1950 e 1960.
- São nas décadas de 1950 e 1960 que se firmam na cabeça dos fregueses brasileiros marcas como Brastemp, Gessy, GE, Leite Ninho, Gillette, Kolynos, Maisena e Palmolive, entre outras.
- No âmbito acadêmico, foram criadas escolas com finalidades específicas, como a Fundação Getulio Vargas, a Escola de Comunicações e Artes da Universidade de São Paulo e a Escola Superior de Propaganda e Marketing.

- Nesse contexto de mudança na matriz produtiva brasileira e da ênfase na comunicação de marketing, surge, em 1967, a Associação Brasileira de Comunicação Empresarial, na época Associação Brasileira de Empresas Editoras de Revistas e Jornais Empresariais, inicialmente movida pelo objetivo humanista e de relações humanas de melhorar a comunicação voltada para o operariado, por meio de revistas e jornais mais bem produzidos editorial e graficamente.
- O jornalista Nilo Luchetti, editor da revista *Notícias Pirelli*, queria fomentar a aproximação e o relacionamento de empresas, instituições e pesquisadores com o objetivo de aprofundá-lo para melhor exercer as atividades de comunicação.

MUDANÇAS PROFUNDAS NO PERFIL MIDIÁTICO

Nessa viagem à história da comunicação empresarial, vamos constatar que as modificações nos processos produtivos de comunicação de massa começam nos anos 1970, em plena ditadura militar – que vivia seus anos de chumbo —, com o aparecimento e crescimento das assessorias de comunicação privadas e públicas, e atingem seu ponto alto nos anos 1980, com a chegada da era tecnológica à comunicação, que revoluciona os processos produtivos, principalmente a fase da edição.

As primeiras mudanças ocorrem pouco antes da informatização das redações, quando as empresas jornalísticas passam a utilizar-se de "estratégias de comunicação e persuasão" nos noticiários informativos, aceitando a mediação das assessorias de imprensa no fazer jornalístico.

Esse fato gera "uma inflação" de comunicados e materiais de imprensa fornecidos aos jornais por agentes empresariais e públicos (assessorias de imprensa), que se misturam e se confundem com a informação jornalística, produzida pela equipe de reportagem de cada veículo. Foi uma verdadeira enxurrada de *press releases*, prática que exige cuidado na transmissão.

Houve, na época, um surto de material que virou tese universitária de um professor de comunicação, Gerson Moreira Lima, meu antigo colega de faculdade, que batizou o fenômeno de "releasemania".

Ao leitor desatento, passa despercebido o fato de as antigas assessorias de imprensa, de organismos tanto privados como públicos, desenvolverem estratégias de comunicação e persuasão para "vender" suas "notícias" aos editores de jornais, que as publicavam sempre em nome do interesse público.

Esse é o primeiro passo para o aperfeiçoamento da comunicação empresarial, já na década de 1970, quando houve várias e sucessivas demissões nas redações de jornais e revistas, o que levou ao encolhimento das equipes de reportagem.

As empresas jornalísticas passaram a utilizar computadores a partir de 1980. O segundo passo, por sua vez, ocorreu com a introdução das novas tecnologias adaptadas à indústria da comunicação, as quais imprimem o que se chamou de "um novo ritmo e uma nova lógica" às redações, com consequências drásticas para as relações de trabalho e o "perfil" dos novos profissionais de imprensa, além de trazerem modificações sensíveis ao texto jornalístico.

Em 2008, as redações de jornais ainda sentiam os efeitos do encolhimento de pessoal ao longo da crise financeira das empresas jornalísticas dos últimos anos. Os problemas econômicos dos jornais apressaram fusões e aquisições de empresas de mídia por empresas de outros ramos. As equipes passaram a ser mais jovens e despreparadas, bem como menores e menos especializadas, além de se pagar cada vez menos. Houve, com isso, acentuada queda de qualidade e o processo afetou diretamente o conceito de liberdade de expressão.

Houve uma queda brutal de circulação dos jornais em todo o país. Como explicar que a circulação dos grandes jornais tenham caído a menos da metade na última década?

Houve época, antes dos anos 2000, em que a *Folha de S.Paulo* vendia 1,5 milhão de exemplares aos domingos. Números não tão altos, mas também estrondosos, eram proclamados por *O Globo* e por *O Dia*.

A internet ainda não competia no mercado de notícias. Os sorteios e promoções daquela época não se mantiveram até hoje. Surgiram os jornais gratuitos, e outros meios de comunicação, como o celular, passaram a disputar uma fatia do bolo.

Há 32 milhões de usuários na internet brasileira, dez vezes mais do que a soma da tiragem de todos os jornais.

No entanto, isso não explica como os jornais que tiravam mais de 1 milhão de exemplares tenham de contentar-se hoje com 400 ou 500 mil. E há outros fatores a analisar. Nesse período, a população cresceu, tornou-se mais rica, ou menos pobre, depende do ângulo de visão, e o dólar, a moeda do papel e dos equipamentos, pouco variou até hoje, está mais barato do que naquela época.

Paralelamente, pode-se constatar a ampliação da visão de processo de comunicação empresarial baseado apenas em veículos de comunicação, que se dá em 1985, com o fim da ditadura militar e a instauração da Nova República, que destampa a panela de pressão social e tem como protagonistas vários públicos, os quais não figuravam entre as preocupações dos empresários.

O marco desse momento foi o lançamento do plano de comunicação da Rhodia brasileira, um documento que pregava a implantação de uma política de comunicação, alinhada à jovem democracia brasileira, e que integrava na empresa ações de imprensa, relações públicas e de comunicação de marketing.

No ambiente da chamada Nova República, seguindo o exemplo da multinacional francesa, a comunicação corporativa de importantes empresas ganhou um forte perfil jornalístico e teve entre as suas ferramentas de comunicação, entre outros, o *media training*.

Há tempos as empresas conscientizaram-se de que é preciso aprimorar a qualidade. Tanto que a qualidade é a expressão mais difundida no universo de empresas, em todos os setores. Já se convencionou achar que a qualidade é o grande diferencial de uma empresa e é imperativo à sua própria sobrevivência.

Por isso mesmo é que o trabalho de assessoria de comunicação é exercido em uma área construída a partir do pensamento e do trabalho integrado de relações públicas, jornalistas, publicitários, designers, historiadores, psicólogos, antropólogos, sociólogos, arquitetos, administradores, entre outros. Um campo de comunicação multidisciplinar que produz, cotidianamente, mensagens para um arco de públicos estratégicos – formados principalmente por acionistas, funcionários e suas famílias, imprensa, comunidades, autoridades, concorrentes, sindicatos, organizações não governamentais e fornecedores – com o objetivo de defesa, manutenção e fortalecimento da imagem das organizações e seus gestores.

A ASSESSORIA DE COMUNICAÇÃO NO DIA A DIA

Como é a rotina de uma assessoria de comunicação?

Começa bem cedo. As notícias de interesse imediato, por sua relação direta ou indireta com os interesses dos assessorados, bem como aquelas que poderão ser consultadas posteriormente, são recortadas, selecionadas e destinadas, nas primeiras horas da manhã, aos escalões de decisão.

São notícias sobre assessorados, concorrentes, setores de atuação, ou políticas, econômicas e sociológicas. Matérias, análises, editoriais, bem como informações para enriquecer o banco de dados, também são selecionados para leitura imediata ou armazenamento.

É importante começar bem cedo as atividades na assessoria porque a leitura dos jornais tem de ser no início do dia. Jornalista que lê os jornais na parte da tarde só pode estar conferindo alguma notícia ou pesquisando um fato ocorrido muito tempo antes.

Clipping é um importante recurso de administração e de marketing no moderno mundo empresarial. A consulta a notícias selecionadas com critério jornalístico facilita para o administrador o acesso a informações de seu interesse específico e agiliza o processo de tomada de decisão.

Há também o *clipping* de internet: centenas de sites são pesquisados entre portais, agências de notícias, versões on-line de jornais e revistas e sites especializados.

As súmulas relacionam os assuntos noticiados pelas emissoras de rádio e TV e os agentes das matérias. As sinopses são os resumos das principais notícias veiculadas pelos jornais mais importantes, com transcrição de trechos que mereçam destaque. Entre outras finalidades, a sinopse avalia a importância que cada veículo dá para os assuntos e qual a abordagem, permitindo identificar melhor a linha editorial adotada.

Mais bem elaboradas do que as sinopses, as análises comportam interpretações críticas, revelando informações e intenções omitidas. Esclarecem o que ficou nas entrelinhas, avaliam as diversas fontes e dão a visão da própria assessoria, procurando projetar os rumos possíveis da evolução dos assuntos.

Faz-se também uma avaliação por centimetragem. É um equívoco a fonte pretender avaliar o desempenho de sua assessoria de comunicação exigindo-lhe provar sua eficiência por meio de centímetros de matérias publicadas na imprensa. A desculpa para se adotar esse tipo de trabalho é a de que os clientes não têm ideia do serviço pelo qual estão pagando. Publicidade é espaço pago, mas reportagem não tem preço, não é uma mercadoria que está à venda. A melhor avaliação que se pode fazer de uma assessoria de comunicação é pelo relacionamento que ela própria e seus assessorados mantêm com a imprensa, com a mídia de modo geral.

Em certo momento, aparece um assunto que exige uma declaração, um esclarecimento, uma posição da fonte em caráter oficial. Nesse caso, usa-se a nota oficial, que pode ser veiculada como matéria paga ou não – é preferível que seja enviada nas duas formas. Uma coisa não anula a outra, pelo contrário, há um reforço mútuo. O que deve ser evitado, porém, é a divulgação da nota fechando-se a possibilidade de questionamento direto da fonte, pois essa é uma postura autoritária. Toda nota poderá ser questionada diretamente pelo jornalista ou levada a terceiros para contestação, análise e comentários.

A nota oficial deve ser utilizada somente como último recurso. Seu uso, de maneira geral, restringe-se a circunstâncias, fatos ou assuntos excepcionais.

Pressões visando a inserção de determinado assunto ou sustação de notícia desfavorável são, em geral, recebidas em qualquer redação séria e competente com profunda indignação. O caso piora se essa pressão for realizada via poder econômico (departamento comercial, por exemplo), político ou via proprietário de veículo. A fonte, ainda que venha a ter algum êxito na sua iniciativa, ficará irremediavelmente marcada pelos jornalistas.

A mentira é condenável em qualquer circunstância. Mentir ao profissional de um veículo de comunicação tende a ser mero paliativo que, ao contrário de resolver o problema, abre a possibilidade de uma volta e até com maior virulência. A verdade, ainda que referente a um fato desagradável ou inconveniente, pode ser mais bem compreendida do que qualquer mentira, e nunca fecha as portas para futuros esclarecimentos.

O assessor deve atuar com as fontes que assessora no sentido de que elas sempre se pronunciem como forma de se qualificarem perante a opinião pública. Ele deve provocar a manifestação pessoal da fonte, e não funcionar como porta-voz, a não ser, evidentemente, em último caso.

Porta-voz é quem fala pela empresa, e quem está habilitado para isso é seu presidente ou alguém designado pela alta cúpula, mas que detenha o conhecimento da companhia. Para a mídia, o porta-voz é a própria empresa.

ESTUDO DE CASO Astros e estrelas

Nos Estados Unidos, como sabemos, há dois partidos que concorrem à eleição, o Democrata e o Republicano. Ambos os candidatos representantes desses partidos têm sempre em mira os artistas de Hollywood. Nada mais lógico, afinal, esse pessoal está sempre na mídia, vive dela e em torno dela.

Para angariar fundos, os políticos convidam modelos e artistas famosos no mundo inteiro para se integrar às suas campanhas.

Vamos supor que você presta serviços para um artista famoso. Aí ele é procurado por um candidato a cargo eletivo. Se ele perguntasse sua opinião quanto ao fato de ganhar ou perder ao aliar seu nome a determinado candidato, você responderia:

a) É bom aliar seu nome a um candidato, principalmente se ele ganhar e, quem sabe, um dia virar presidente da República.

b) Caso o candidato perca a eleição, sua imagem (do artista) ficará associada a um retumbante fracasso.

c) Aconselharia o artista a esquecer esse tipo de ação porque não fica bem ter sua imagem ligada a político.

Resposta: a

7 Transparência e Sociedade

No trato com a mídia, as relações devem ocorrer dentro de uma diplomacia de respeito e intercâmbio constantes. Se a empresa tem algo a comunicar, precisa criar uma sintonia com a opinião pública. Se as redações dos jornais procuram as empresas, é porque o negócio empresarial tornou-se notícia.

Antigamente, percebíamos que os jornais e as revistas fechavam suas portas para as empresas, a eles interessavam somente os anúncios – pagos, evidentemente. Hoje, os produtos e, sobretudo, os lançamentos são bem-aceitos pela mídia. A estrutura tradicional de cooptação da mídia pela pressão, pelo dinheiro e favorecimento que um dia existiu já não funciona mais.

DEPENDE DO CACHÊ

Atores receberam para atuar em cenas de gosto duvidoso nos filmes... O mocinho acende um cigarro, joga o palito de fósforo longe, dá uma tragada, a fumaça se esvai lentamente. Cenas como esta vimos muitas vezes no cinema. No período de 1978 e 1988, calcula-se que 188 atores e diretores receberam pagamento das empresas de cigarro. Só a Philip Morris teve a divulgação de seus produtos em 191 filmes no período. O acordo era interrompido se os cigarros não fossem mostrados de forma positiva. O plano previa medidas menos explícitas e mais prosaicas, como o envio de pacotes de cigarros para a casa ou o *set* de filmagem de notórios atores fumantes, na esperança de que eles fumassem em cena ou aparecessem na imprensa com um cigarro.

Estudo publicado na edição da revista *Tabacco Control*, vinculada à Britsh Medical Association, baseado em 1.500 documentos reservados da indústria do tabaco, foram tornados públicos em 1998, depois de assinado acordo do setor com o departamento de saúde norte-americano.

Grandes laboratórios de remédios também pagaram aos atores de Hollywood para que eles falassem positivamente dos seus produtos em entrevistas. Jornalistas especializados em entretenimento estranharam uma rara entrevista dada pela atriz veterana Lauren Bacall ao programa matinal *Today* da emissora de TV aberta NBC. A ex-mulher de Humphrey Bogart revelou que sofria de uma rara doença degenerativa nos olhos. Depois de contar que quase ficou cega, a atriz elogiou os efeitos de um remédio chamado Visudyne, indicado para o tratamento da degeneração macular relacionada à idade. Um porta-voz do Novartis, que fabrica o remédio, acabou confirmando o *merchandising* velado. Uma médica do laboratório suíço confirmou que eles compensaram a atriz, só não revelaram o valor pago.

No Brasil, sempre que os jornalistas viam um empresário conhecido no mercado em visita ao diretor de redação, sabiam que no dia seguinte teriam de escrever de modo favorável à empresa visitante.

A visita de algum "figurão" de grande porte significava por dias a fio notícias favoráveis mostrando o lado mágico e sempre positivo das empresas. Isso porque uma simples visita ao diretor da redação implicava um comprometimento até a alma. Sabe-se lá o que o dono do jornal e o visitante conversavam... O resultado era desastroso para a verdade. Hoje, os jornais publicam o nome do visitante e da empresa à qual ele está ligado.

As relações entre empresa e imprensa consideram o interesse pela informação, que tem diversas nuances, de acordo com o alvo do cliente ou da notícia. Há que se considerar ainda particularidades de cada público, diagnosticando o teor e a quantidade de informações, separando o que é e o que não é relevante. É preciso deixar de lado aquela velha ideia de que somente a publicidade funciona. É claro que funciona, mas não é só isso. Mesmo porque se deve entender que, quando um leitor compra um jornal ou revista na banca, a última coisa que ele vai ver são os anúncios. O leitor quer notícia.

As montadoras de automóveis são grandes anunciantes, da mesma forma que a indústria de alimentos. Mas só o anúncio não garante a impunidade da companhia diante de erros, e vemos reportagens mostrando aspectos negativos de fabricação de carros como uma tentativa de se desculpar pelos defeitos.

ÉTICA, SEMPRE

E como deve ser a ética do profissional que trabalha com assessoria de comunicação empresarial?

Cada vez mais, os profissionais têm que trabalhar a informação dentro da ética do mercado da informação. O que isso significa? Primeiro: passar informações verdadeiras. Segundo: reconhecer que a empresa errou quando realmente ela errou.

Se a empresa fabrica um produto com falhas, ela deve reconhecer que fez bobagem, tem de fazer o *recall* do produto para as devidas substituições. Isso ocorre, por exemplo – e com frequência –, na área de defeitos mecânicos de carro, em que as empresas chamam seus consumidores para trocar a peça do automóvel. Se uma empresa de transporte de combustível derramar óleo no mar, deve providenciar a imediata limpeza, procurando melhor tecnologia, reconhecendo e pedindo desculpas à sociedade. Procurar "tapar o sol com a peneira" não vai adiantar.

A população está cada vez mais exigente, participativa e quer descobrir a verdade. Portanto, a postura do profissional deve ser a postura da informação clara, transparente, objetiva e concisa, ajustando, assim, os interesses da sociedade aos interesses da empresa. É claro que ele deve preservar os valores empresariais, mas há sempre uma possibilidade de fazer convergir os interesses da empresa e os interesses dos consumidores.

E como manter um relacionamento constante com os jornalistas?

Primeiro: antes de tudo, conhecer os meios de comunicação e saber como eles funcionam é fundamental. Saber, por exemplo, como é a rotina de um jornal, uma emissora de rádio, televisão e as novas mídias via web.

Manter um relacionamento com a imprensa significa, muitas vezes, engolir a seco a publicação de notícias que a empresa considera "inoportunas".

Todos esses meios – sejam da mídia escrita, falada ou televisionada – seguem o mesmo esquema redacional, ou seja, a redação tem um diretor, editor, subeditor, chefe de reportagem, repórter, redator, apurador de notícias, radioescuta, enfim, todo um esquema montado para a empresa funcionar com eficiência.

É importante entender que um jornal se divide em editorias, bem como que há diferenças entre matéria assinada e artigo, editorial e notas em colunas especializadas. É preciso saber, por exemplo, que jornalista tem alguns termos próprios da classe, por exemplo, fonte, suíte, lide e uma infinidade de palavras que integram seu universo e que você vai ler no final deste livro, no Glossário.

TRANSPARÊNCIA NA RELAÇÃO COM OS JORNALISTAS

O papel do jornalista é decisivo para o avanço da sociedade. Ele é necessário para organizar o fluxo ininterrupto de informações que circulam na sociedade contemporânea e apresentá-las de forma que contribuam para uma melhor compreensão da realidade.

O jornalista Marcos Aidar, da TV Globo, lembra que o próprio termo jornalismo vem de jornada, ou seja, o pagamento por um dia de trabalho militar. O que, em outras palavras, significa que, desde a sua origem, a atividade jornalística está ligada ao conceito de trabalho diário e remunerado – é, em suma, uma profissão como outra qualquer.

Lúcio Flávio Pinto, colega paraense, é quem diz:

> Não considero que jornalismo seja um gênero maior ou menor. É bom ou ruim, conforme é realizado. Se o jornalista cumpre a tarefa que lhe cabe, centrando-a nos fatos, mas bem atento às suas circunstâncias, estará fornecendo matéria-prima para um sem-número de outros aproveitamentos. Nessa árvore frondosa colherão seus frutos o cientista político, o sociólogo, o economista, o antropólogo, o psicólogo & etc., neste geral incluindo-se o personagem que mais interessa: o cidadão.
>
> Nosso oxigênio é a verdade. Sem letra maiúscula, sem grandiloquência, sem heroísmo. Quando saímos para a cobertura de um acontecimento previamente agendado, quando recebemos uma "visita na redação" ou quando somos despertados na madrugada por uma convocação ao desconhecido, a primeira arma que devemos pegar é o sismógrafo dos fatos. Esse objeto, evidentemente, não existe. Mas está dentro da nossa cabeça, plenamente visível, integralmente materializado. Se divisarmos os fatos na rotina da pauta ou nas circunstâncias descontroladas de uma missão de enviados especiais, iremos com segurança atrás da verdade.

> O jornalista é aquele profissional que mais desenvoltamente pode se deslocar. Um dia ele está na entrevista coletiva com o presidente da República. No outro, "cobre" tiroteio na favela mais barra-pesada da cidade. Passa dias e meses na sua base operacional. Subitamente, amanhece na China. Se for um bom profissional, jamais se limitará a cumprir um roteiro turístico. Enquanto o turista rico pode ir a todos os points caros, ele pode chegar a lugares interditados a todos os dinheiros. *Bunkers* de traficantes, por exemplo. Ou mansarda onde o famoso misógino se esconde. Pode até obrigar a que lhe abram as portas de dependências proibidas ou a gabinete de poderosos furibundos.

E se não fosse jornalista? A explicação mais comovente veio de outro colega, o paulista Sérgio de Souza, criador da revista *Caros Amigos*, semeador de revistas, um mestre do jornalismo: "Não sei. Sei que no jornalismo descobri o vigor da existência".

Zuenir Ventura, que escreve crônicas, reportagens, livros e deu aula em universidade, é quem diz:

> Hoje e sempre ser jornalista é tentar ser uma testemunha do seu tempo. Essa é nossa humilde tarefa. Não é ser juiz, promotor. Atualmente, temos uma tendência de julgar e até condenar. Quanto mais complexa a sociedade, mais se exige esse papel do jornalista.

O professor Jay Rosen, da Universidade de Jornalismo de Nova York, afirma que jornalistas fazem seus próprios julgamentos:

> Penso que você pensa que faz julgamento o tempo todo. Não acho preocupante o tipo de preconceito de que os jornalistas são em geral acusados, preconceito pessoal. Muito mais sutis e perigosas são as convenções do jornalismo: o modo como os jornalistas dividem o mundo, enquadram a vida pública. Existem nessas decisões valores e pressupostos ocultos, que é importante citar, debater e, penso, mudar. Em cada setor de cobertura jornalística existem lentes. Na política, por exemplo, existe a lente da estratégia, a ênfase na disputa. A objetividade declara que nada disso existe, porque por definição o que os jornalistas fazem (e deveriam fazer) é apresentar fatos. Mas quando os jornalistas dizem que tudo o que fazemos é apresentar fatos, é enganação.

O jornalista é um especialista no seu ofício, o próprio jornalismo. O resto ele desconhece, e vive perguntando. Seu ofício é escrever e, por isso, pesquisa as fontes com eficiência. Sua especialidade não são os temas que aborda. Quem se especializa nos temas são as fontes. Em geral, as pessoas confundem o jornalista com o tema que aborda ou com o veículo para o qual ele trabalha, e isso é o maior equívoco na percepção dessa profissão.

Ryszard Kapucinski, ativista e teórico da comunicação, diz que são "cinco os sentidos do jornalista":

> Há cinquenta anos, quando a imprensa escrita era o principal meio de comunicação no mundo, o jornalista era uma figura importante na comunidade, admirada e cumprimentada com respeito na rua. Hoje, quando é maior o número de profissionais, sobretudo de televisão, esse *media worker* é uma pessoa anônima, e seu trabalho, apenas uma parte do processo de construir as notícias, de elaborar a informação. Nessa corrente frenética, perdeu-se o orgulho do trabalho individual, pessoal.

Naqueles tempos, quem assinava sua matéria era responsável pelo que escrevia. Agora, essa responsabilidade diminuiu muito, quase sumiu, pois tudo se dilui no chamado trabalho de equipe, principalmente nos veículos audiovisuais, hoje predominantes, que atraem mais a atenção e o interesse do público em geral.

A concepção do profissional como aqueles personagens estereotipados, que expressam somente notícias positivas de uma organização, tem uma origem histórica: muitas vezes, o preconceito parte das pessoas que estão justamente nas empresas voltadas para a notícia. Elas costumam falar mal dos comunicadores, não entendem o trabalho que eles desenvolvem e, assim, os desclassificam. Um erro grave.

RELAÇÃO DA EMPRESA COM SEU PÚBLICO

Um dos maiores problemas das empresas é não entender que os públicos com os quais tratam são diferentes, porém interligados em rede. A maioria delas ainda vê os públicos de forma taylorista, cada um cumprindo seu papel na linha de produção. Não perceberam que o funcionário é também um consumidor, que um colaborador pode ser um membro de uma organização não governamental, um cliente pode ser um acionista – cada um exercendo diferentes papéis no tecido social. Trabalhar com essa multiplicidade de funções e saber atender a todos os públicos são desafios que se apresentam hoje para as organizações.

Magalhães Pinto, político mineiro da "antiga" e dono do Banco Nacional, dizia que política era como nuvem, uma hora estava em um lugar, outra hora já havia se deslocado e poderia estar a quilômetros de distância. Isso também acontece com a comunicação. Ela tem de acompanhar o ritmo frenético com que as empresas se movimentam, não pode ser diferente.

As empresas não podem ter relação somente com a força do trabalhador, mas com o conjunto, com o todo. A construção da imagem da empresa na sociedade depende da relação com todos os públicos – do acionista majoritário ao mais humilde consumidor, passando por imprensa e comunidade.

ESTUDO DE CASO Marketing cultural

Pesos pesados da economia brasileira investem em cultura para dar visibilidade às suas marcas. Indústria tabagista, de petróleo, automotiva, de alimentos, eletrodomésticos, petróleo, construtora e bancos promovem shows de cantores e de bandas, organizam concertos, publicam livros e premiam artistas plásticos, entre outras atividades culturais.

Por que essas empresas investem em cultura?

a) Para multiplicar a memorização da marca.

b) Os eventos agregam valor (prestígio e status) à marca.

c) Todas as vezes em que esses eventos são anunciados na mídia, as empresas têm maior divulgação.

d) Investimentos desse tipo qualificam a empresa sempre que elas mostram preocupação com a educação, por exemplo.

Resposta: Todas as alternativas estão certas.

8 Diálogo é Essencial

Pelo fato de a assessoria de comunicação trabalhar com a notícia, as informações, como via de mão dupla, também chegam a ela por solicitação de contatos, pelos jornalistas dos veículos, para conversas informais ou para entrevistas específicas e objetivas.

As informações, que são matéria-prima do jornalismo, depois de elaboradas e publicadas, constituem novas matéria-primas da assessoria de comunicação, visando alimentar o campo das ideias, que poderão ser ampliadas ou modificadas.

Uma das atitudes mais óbvias e preciosas no relacionamento entre pessoas, na redação, e entre assessores e pauteiros, é saber ouvir – e não só o outro lado, mas a si próprio. É o "se mancar", é o "estar ligado". A mesma empatia que a comunicação e o veículo têm de manter com seu público consumidor também deve existir entre os profissionais que nele trabalham e entre eles e seus fornecedores de informação, sua matéria-prima.

A assessoria de comunicação é quem planeja e viabiliza os contatos, prestando a entrevistado e entrevistador serviços de apoio, como coleta de subsídios, informações adicionais, preparação de textos e de conjunto de recortes sobre o assunto etc.

O fluxo inverso das informações – isto é, sua liberação para os veículos de comunicação – tem implicações mais amplas, pois envolve a perfeita consciência do que é passível de se transformar em notícia e qual a melhor oportunidade de fazê-lo, bem como do que pode ser divulgado sem causar prejuízos ao assessorado, mas, ao mesmo tempo, sem se furtar ao dever de prestar esclarecimentos à opinião pública.

Entre as atividades da assessoria, há uma série que resulta em ações que permitem simultaneamente a internalização e a exteriorização de informações. Os contatos informais com jornalistas proporcionam a troca, o confronto, os questionamentos e as homologações entre as posições dos jornalistas e das fontes. São oportunidades para aferir a consciência, a visão, a perspectiva desses setores e dar bases para as decisões.

A entrevista coletiva é convocada sempre que a informação a se transmitir é de relevante interesse público. Pensa-se sempre na possibilidade de as organizações serem vistas pelo público que assiste à televisão.

O trabalho de uma assessoria de comunicação não deve se limitar ao relacionamento com a imprensa; é preciso ser um estrategista de comunicação.

É cada vez mais difícil manter os profissionais formados em áreas como jornalismo, rádio e tevê, publicidade e marketing e em relações públicas dentro dos estritos campos de trabalho definidos pela lei para cada uma dessas profissões. E não por culpa dos profissionais. Tal confusão apenas revela que o arcabouço legal de cada uma das especialidades da área de comunicação está ultrapassado e não corresponde mais à realidade criada pela evolução do mercado, que, agora, demanda profissionais multifuncionais.

Se Darwin está certo ao propor que na natureza a sobrevivência das espécies se dá pela evolução, não é incoerente imaginar que também as estruturas sociais e produtivas sigam uma lei de evolução natural, privilegiando a sobrevivência daquelas atividades ou profissões que melhor se adaptarem às novas exigências de produção e atendimento das novas necessidades criadas pelas mudanças nas relações entre o capital e o trabalho.

A atual configuração das assessorias de comunicação impõe que os profissionais que ali atuam sejam mais que meros intermediários entre a fonte (no caso, a empresa) e o órgão público de que se faça parte (a mídia).

Globalização, empresas de padrão e operação mundiais, a nova economia e o *e-commerce* somente se viabilizaram com a infinita e instantânea capacidade de comunicação conferida por meios como internet, telefonia celular, fibra óptica, satélites e transmissão, em um único canal digital, de imagem, som e dados.

Na sociedade moderna, cada vez mais massificada, cheia de símbolos e de ícones, o consumidor se confunde na barafunda provocada pelos signos da comunicação. Então, é preciso que as empresas criem diferenciais de comunicação para gerar sinais mais visíveis para o consumidor.

A convivência com o assessorado ou interesse dele, por si só, nunca são suficientes para se chegar à mídia. O parâmetro é sempre o do interesse público. É preciso lembrar que a convocação de uma entrevista coletiva aciona uma complexa estrutura nos veículos de comunicação. Começando pelo editor, que recebe a comunicação, estendendo-se ao pauteiro, à chefia dos repórteres fotográficos e cinematográficos, até a chefia do tráfego ou transporte, que organiza motoristas e veículos para levar a equipe de reportagem aonde for preciso. A coletiva é como um fio de navalha, tanto pode ser um inebriante sucesso quanto um retumbante fracasso.

A convivência de repórteres e fontes, muitas vezes, permite que surja entre eles uma relação profissional benéfica para ambos. A manutenção dessa relação abre às fontes a perspectiva de dispor de espaço editorial para debater suas ideias, expor seus conceitos, exercer seu poder de crítica. Para os repórteres, fixa-se um canal, ao qual poderão recorrer com frequência.

Esse trabalho exige da assessoria de comunicação um acompanhamento permanente das discussões e definições das estratégias de seus assessorados ou das áreas responsáveis por suas atividades institucionais, corporativas e mercadológicas, bem como o conhecimento prévio de suas posições sobre cada assunto.

Como qualquer profissional, os jornalistas podem cometer erros. Jornalistas trabalham sob forte pressão de tempo e, por isso, às vezes, publicam nomes e números errados; distorcem e omitem informações; dão enfoque negativo a um tema: partem do pressuposto de que, se o cão morde o homem, não há notícia, mas, se o homem morde o cachorro, aí a manchete está garantida. Dificilmente esse tipo de problema ocorre por má vontade do profissional ou por orientação específica do veículo de comunicação.

Com a ajuda do assessor, o entrevistado pode contribuir para reduzir a margem de erros e fazer com que a informação seja publicada do modo mais fiel possível.

RELEMBRANDO O PAPEL DAS COMUNICAÇÕES INTERNA E EXTERNA

Está provado que a comunicação é o fator estratégico do mundo corporativo. Em relação ao público externo, ela é responsável pela imagem, pela credibilidade da própria organização e pelos produtos e serviços oferecidos. Internamente, garante a motivação, a disseminação do conhecimento e a manutenção de um bom clima organizacional.

A comunicação interna é um recurso extremamente estratégico para a manutenção de uma cultura organizacional. Encontros, eventos, publicações e outros tipos de comunicação interativa face a face são meios importantes de propagação das principais atividades de uma empresa.

Além disso, ela informa os funcionários sobre ações da empresa e seus planos futuros, devendo funcionar como base de sustentação de todos os programas corporativos e para promover a integração entre as unidades.

Entre os canais de propagação de conhecimento interno estão a intranet, que é utilizada para comunicação rápida e objetiva. A revista e mesmo o jornal também integram as unidades e contribuem para o desenvolvimento profissional, além de agregar as famílias dos funcionários. As reuniões gerenciais – por videoconferência ou presenciais –, que posicionam os gestores sobre os negócios e seus resultados, facilitam a relação entre vários setores. Os quadros de avisos trazem informações gerais sobre a comunidade, mas têm de ser atualizados constantemente.

Ter funcionários bem informados e alinhados com a cultura organizacional da empresa representa um grande diferencial competitivo. Um dos objetivos da comunicação interna é justamente informar os funcionários sobre o que faz e pensa a direção da empresa e como eles podem contribuir para que a companhia atinja suas metas.

A comunicação empresarial não deve somente mostrar a marca da empresa, e sim firmá-la tanto externa – para o consumidor – quanto internamente – para o colaborador.

Hoje há a possibilidade de o consumidor comprar um produto do outro lado do mundo sem sair de casa, o que coloca as empresas em um mesmo patamar, porque as diferenças dos produtos e serviços são mínimas e há inúmeros produtos no mercado, tornando extremamente difícil apresentar os seus diferenciais e vantagens. Isso leva a comunicação empresarial a atuar com uma linguagem subjetiva e conceitual, agregando às marcas valores que representam prestígio, status e excelência.

É importante comprovar que o produto oferece muitos benefícios para não ocorrer imediatamente uma desilusão no consumidor, que não se tornará mais cliente. Um cliente insatisfeito leva outros seis a pensarem da mesma maneira que ele a respeito da companhia.

O papel da comunicação empresarial é justamente apresentar a empresa para o público por meio da mídia, com o trabalho da área de comunicação externa, e tratar os colaboradores de forma que fiquem mais informados dos procedimentos da companhia pela área interna.

A FORMA DE DIVULGAÇÃO RESPEITA OS DIREITOS DO CONSUMIDOR?

A forma de comunicação precisa ser mais bem delimitada. É preciso ver os direitos do consumidor. Por exemplo, os rótulos dos produtos e as embalagens são formas de comunicação. É preciso identificar, em primeiro lugar, a obrigatoriedade do certo tipo de informação nas embalagens à luz do Código de Defesa do Consumidor. Há exagero por parte das informações que saem das empresas quando colorem e enaltecem demasiadamente o produto ou o nome das companhias. Esse personalismo exuberante nas informações prejudica a qualidade e a objetividade, em vez de ajudar na comunicação empresarial.

É preciso compatibilizar o Código do Consumidor com informações que saem das organizações. Já se nota certo empenho nesse sentido, mas ainda há muito o que fazer para a interação entre o interesse do consumidor e o interesse da empresa.

QUAL O DESAFIO PARA SE FAZER A COMUNICAÇÃO PARA INSTITUIÇÕES PÚBLICAS?

A comunicação é sempre um bem necessário. Na administração pública, a mentalidade é muito arcaica. Parcela significativa dos funcionários públicos do Brasil pensa de maneira ortodoxa, considera as repartições uma espécie de baú velho e seu trabalho uma obrigação, apenas uma tarefa. Estão ali, mas adormecem mental e psicologicamente no serviço, como se fosse um trabalho automático. Não se entusiasmam e tampouco exercem sua criatividade.

A comunicação, assim, padece dessa mazela, que é a doença da acomodação, a paralisação do tecido da malha pública.

Instituições públicas são máquinas burocráticas, muitas vezes inertes, paquidérmicas, lentas, e a comunicação sofre muito com essa estrutura obsoleta, arcaica.

O desafio da comunicação na instituição pública está em aproximar a administração pública da sociedade. Contudo, sozinha, a comunicação não faz milagre. Se o serviço público é ruim, a comunicação vai simplesmente transmitir a identidade e a realidade de tais serviços.

CRISE, INFORMAÇÃO E OPORTUNIDADE

Dada a rapidez com que a informação se propaga pelos diversos meios de comunicação em razão das novas tecnologias, um simples acidente pode se converter em uma crise maior. Entretanto, as empresas devem fazer uso dessa mesma facilidade de comunicação e, ante um acontecimento negativo, informar o público sobre o que está sendo realizado para sua solução. E, ainda, ver nas crises uma fonte de oportunidades, pois há um expressivo público da empresa nesses momentos, e mais atento que o normal sobre o que acontece com a companhia. Então, se bem conduzida, uma crise se torna uma oportunidade de atenuar o significativo estrago que uma cobertura midiática faz. Nesses momentos, é possível lançar mensagens positivas sobre a empresa, seus produtos e serviços.

ESTUDO DE CASO O sagrado direito de resposta

Uma empresa da indústria farmacêutica passou por uma crise que resultou em arrasador abalo de sua imagem, acompanhado de enorme prejuízo financeiro. Sua pílula anticoncepcional mais popular foi adulterada com farinha, tornando inócuo o seu efeito, o que provocou gravidez indesejada em muitas mulheres.

A empresa responsável tentou esconder o fato da opinião pública. Achou que conseguiria resolver o problema sem ter que alertar a população.

O grande erro foi ignorar a importância da comunicação como instrumento para prevenir impactos negativos na imagem da empresa capazes de provocar perdas comerciais.

Na época, a empresa não tinha um departamento de comunicação corporativa nem um porta-voz treinado. Seu presidente, então, assumiu o papel de porta-voz e, por ser estrangeiro, nem sequer dominava o idioma do País. Esse e outros procedimentos inadequados do ponto de vista da comunicação só agravaram a situação.

Como a empresa foi violentamente atacada por uma revista semanal de informação, influente, de grande vendagem em bancas e que possui muitos assinantes, os acionistas exigiram da direção da empresa direito imediato de resposta.

O departamento jurídico foi acionado. Normalmente, advogados são acusados de serem insensíveis quanto aos temas ligados à reputação dos clientes, pensando apenas no aspecto jurídico dos casos. O advogado exerce a defesa do cliente nos tribunais; o comunicador realiza a defesa do cliente diante da opinião pública. Crises de comunicação são fontes geradoras de processos geralmente onerosos. Então, a empresa se viu no seguinte dilema:

a) Enviar uma carta longa para a revista contando detalhadamente todo o processo em detalhes.
b) Mandar uma carta resumida, sucinta, sabendo que o espaço na revista é, de modo geral, pequeno.
c) Ignorar as ações anteriores e entrar com ação na Justiça exigindo o direito de resposta.
d) Deixar tudo de lado e esquecer, para não suscitar mais polêmica.

Resposta: a (e ainda aproveitaria para colocar essa mesma carta no site da companhia. Se ela não tiver seu site próprio, que tal convencê-la da necessidade de criar um?)

9 A Busca Constante da Novidade

O planejamento estratégico da comunicação levará em conta a natureza dos canais jornalísticos e sua integração aos canais de comunicações gerenciais e administrativos. Em outras palavras, deve-se estar sintonizado com a realidade para realizar com competência todas as formas de comunicação na organização.

A escolha dos canais está associada ao porte da organização, à dimensão espacial de suas unidades centrais e periféricas, aos tipos de público que se quer atingir e à periodicidade das mensagens.

Na questão das campanhas internas, pode-se trabalhar as matérias institucionais: normas, regulamentos, portarias, avisos, produtos, serviços, projetos de expansão e recordes de produção.

Pode-se também desenvolver matérias de motivação: planos assistenciais, benefícios, promoções, concursos, prêmios, planos de sugestões de todos indistintamente. Além disso, é preciso pensar em matérias de orientação profissional: segurança, higiene, saúde, conselhos úteis e demais programas de treinamento.

Campanha de prevenção de acidentes – o uso da comunicação por meio de canais apropriados –, boletins, jornais, revistas, além de canais promocionais e publicitários, cartazes, panfletos, *spots* publicitários, tudo assegurará a eficácia das campanhas internas de prevenção de acidentes.

Outra pauta são as matérias educativas – história, geografia e conhecimentos gerais – e as matérias associativas – esportes, festas, concursos, bailes, casamentos, nascimentos e falecimentos.

Podemos citar, ainda, a campanha de integração interdepartamental, em que a tendência interfuncional – despertar o sentido de competitividade entre os setores e as funções –, quando amparada em metas claras, pode transformar-se em forte alavanca de produtividade. Nesse sentido, a comunicação poderá ser útil, ao procurar desenvolver um espírito sadio de competição entre áreas e setores.

Campanhas como essas, de aperfeiçoamento profissional, nas quais são priorizadas a formação, a requalificação e a reciclagem dos quadros – devem constituir-se em objetivos permanentes das organizações. E a comunicação pode oferecer apoio aos departamentos de recursos humanos para a implementação de suas metas e estratégias.

Sabe-se que muitas organizações tendem a ingressar em estados prolongados de letargia, induzidas pela monotonia da repetição de tarefas e afazeres. É imprescindível "acender" a organização, vitaminando e energizando as partes e suas equipes. Nesse sentido, campanhas de estímulo à criatividade constituem eixos importantes para o "despertar" organizacional, e a comunicação se presta muito bem a essa meta.

Do ponto de vista externo, a necessidade reside em tornar a empresa mais conhecida no mercado para atender seus consumidores. E as pequenas empresas, ao contrário do que muitos teóricos de comunicação insistem em dizer, também carecem de assessoria de imprensa, pois têm de mostrar produtos e possibilidades exatamente como fazem as grandes.

Quem não comunica não tem condições de abrir e ampliar seus nichos negociais. Cada tipo de empresa, evidentemente, demanda um tipo de comunicação. Portanto, há de se distinguir o trabalho de assessoria de imprensa de outras formas de comunicação. A comunicação nas pequenas empresas é simples e pode contribuir para atrair consumidores em um mercado delimitado. Contudo, a comunicação das corporações exige mais. A sua necessidade de comunicação, hoje, é global.

Na verdade, no momento em que uma empresa passa a existir, tem de dizer que existe para poder atingir seu consumidor.

Bancos, por exemplo, constituem-se em um setor de prestação de serviço e, por isso, precisam de forte comunicação, visto que todo produto bancário é igual – cheque, fila, tecnologia idêntica. É necessário que seja criado um diferencial, e esse diferencial é frequentemente simbólico. Há bancos com grandes clientes; de pessoas jurídicas; aqueles que se parecem mais com um supermercado ou com uma casa refinada. Cada banco precisa criar sua própria identidade. Por isso, muitos recorrem à imagem dos grandes pintores para mostrar que se associam a algo de bom gosto.

Quando as companhias são muito parecidas e trabalham com produtos congêneres, sem nada que os diferencie, é necessário planejar uma intensa comunicação para tipificar produtos e serviços.

O Real, um dos bancos brasileiros, promove um concurso para descobrir talentos da maturidade. Criado em 1999, em homenagem ao Ano Internacional do Idoso, o concurso incentiva a produção e a memória cultural de pessoas com 60 anos ou mais, promovendo a sua criatividade, ampliando seu potencial artístico e sua participação social. São destacadas as categorias artes plásticas, contador de histórias, literatura e música vocal. Dessa forma, ele estimula a reflexão da sociedade sobre o envelhecimento, uma questão relevante em um país que, segundo projeções da Organização das Nações Unidas (ONU), terá 32 milhões de habitantes com mais de 60 anos em 2025.

Outro programa do mesmo banco é o da reciclagem de pilhas e baterias, chamado de Papa-Pilhas, que se propõe a recolher pilhas e baterias usadas, reciclá-las e dar a disposição final adequada aos seus resíduos tóxicos, evitando que elas contaminem o meio ambiente. Com isso, o banco ganhou vários prêmios.

Nesse contexto, vamos supor que na assessoria de comunicação de um banco haja pessoas que nunca pisaram em uma redação de jornal. É necessário que o assessor de comunicação tenha conhecimento do funcionamento de uma redação? Sem dúvida. É preciso, no entanto, que os profissionais da empresa tomem um banho intenso de redações, a fim de se inteirar sobre as funções do editor, do repórter, do chefe de reportagem, dos secretários do jornal, do diretor de redação, enfim, saber como funciona todo o ambiente.

O assessor de comunicação tem de estar sintonizado com o interesse do jornal, da televisão, rádio, internet ou da revista, absorvendo intensamente a filosofia do veículo: o clima das redações, os momentos de fechamento, os melhores momentos para se falar com os repórteres e com os diretores.

Há certos momentos em que não se consegue falar com alguém das redações de jornal. No final do dia, por volta das cinco e meia ou seis da tarde, é impossível falar com a redação porque é hora de fechamento do jornal. Nas revistas semanais, a partir de quinta-feira à noite já não se fala mais com a redação porque o ritmo do fechamento é frenético.

Assessoria de comunicação funciona como agência de notícias. As informações constituem um produto valioso, o qual deve satisfazer a mídia e o cliente ao mesmo tempo. Cabe ao profissional raciocinar como jornalista o tempo todo, saber o que é notícia e torná-la conhecida. Falando em situações desagradáveis, com as quais às vezes somos obrigados a conviver, acho complicado deparar com certos clientes que não conseguem compreender o significado real desse trabalho: são pessoas vaidosas, ansiosas, com um nível de exigência acima do normal.

Houve um certo preconceito anos atrás, quando o assessor era visto como lobista. Isso ficou para trás. Percebe-se que nunca esse profissional foi tão respeitado como agora. A maioria dos editores procura hoje os assessores sem o menor constrangimento, inclusive para definir algumas pautas. No dia a dia do colunista, do editor, o assessor desempenha um papel de interlocutor, de igual para igual, pois é a pessoa que detém informações fundamentais.

O contexto da globalização impõe novos e complexos desafios. As novas tecnologias, a quebra de fronteiras comerciais, a mundialização das organizações, enfim, há uma série de mudanças que tem provocado uma reviravolta no mundo da informação e na forma como as empresas lidam com o processo de gerenciamento desse universo em relação às mídias. Há uma excessiva oferta de informação e uma pulverização ampla de públicos e de meios.

Mídias eram jornais, tevês e rádios. Mas houve uma explosão com a introdução das tevês a cabo, da internet e da rede de telefonia móvel. Passamos a lidar com vastíssimo horizonte de mídias de todos os tipos e tamanhos: jornais de comunidade; grandes redes de comunicação espalhadas pelo mundo; redes de informação das ONGs às agências on-line dos jornais.

As companhias devem estar lincadas ao mundo da informação, bem como precisam buscar melhorias na qualidade da comunicação que se pratica, tornando-a cada vez mais estratégica, oportuna, coerente com os negócios e os valores de cada organização. E isso só se faz com empresas cada vez mais integradas à vida social, mais atentas ao seu correto posicionamento, mais coerentes com suas práticas. A comunicação deve ser resultado de uma postura empresarial possível de ser apresentada e justificada para a sociedade.

A comunicação nas empresas mudou. É vista hoje como atividade estratégica e indispensável no desempenho dos negócios. Por isso, os empresários passaram a ser preocupar com a avaliação dos resultados dessa área. Pelo volume de recursos investidos em ações de comunicação, os dirigentes se perguntam: qual o retorno que a área de comunicação traz para minha organização? É possível medir desempenho da assessoria de comunicação? Como sabemos quando uma campanha publicitária ou um patrocínio ou reportagem publicada propiciam retorno ou estão comprometidos com as metas?

Os especialistas em comunicação de hoje desenvolveram metodologia de medição de resultados que permite não apenas avaliar a imagem da empresa na mídia como também aferir o desempenho na imprensa por área de negócio e tema, avaliar e comparar o comportamento da concorrência e, com base nesses resultados, fixar metas, traçar estratégias para corrigir falhas, melhorar os resultados, orientar os dirigentes e até provocar os setores mais acomodados.

No campo da publicidade e das promoções, continua a discussão quanto ao melhor método para avaliar o ganho de imagem da empresa, como algumas campanhas e patrocínios ou o aumento das vendas em função de determinado investimento. Algumas ações são fáceis de avaliar, sobretudo se atreladas ao volume de negócios e a um produto específico. O problema surge quando o investimento de comunicação é institucional.

Uma fase importante do processo é verificar a eficácia da comunicação, o que significa apurar até que ponto o investimento valeu a pena e contribuiu para gerar resultados para a empresa.

Pesquisas de imagem e *recall*, bem como as sondagens de opinião em determinados segmentos da sociedade, representam um caminho para aferir a imagem. Mas o que se procura agora é avaliar, com bastante clareza, o impacto das ações de comunicação no negócio e sua relação direta com as metas da organização. A partir desses parâmetros, é possível, pelo menos em parte, resolver o dilema de atrelar os esforços de comunicação diretamente aos negócios da empresa.

Estamos longe de transformar métodos de medir comunicação em uma operação exata, mas já se pode, hoje, mostrar resultados bem mais evidentes do que no passado.

Muitas assessorias de comunicação usam nomes variados, apresentando-se como gestores de comunicação, equipe de comunicação etc. – algumas até se autodenominam agência de comunicação de resultados.

ESTUDO DE CASO — Projeto de Assessoria de Comunicação de uma Indústria Automobilística

Briefing

A indústria completou 50 anos de presença no Brasil. Uma série de eventos foi promovida para os mais diversos públicos de relacionamento da empresa, com o objetivo de comemorar a importante data.

Objetivos

Estreitar o relacionamento da indústria e seus colaboradores.

Reforçar a marca dos produtos e sua imagem corporativa.

Estabelecer um clima propício ao lançamento dos novos produtos.

Reforçar o compromisso da multinacional com o mercado brasileiro.

Período das comemorações

As comemorações foram realizadas de 30 de junho a 31 de agosto.

Públicos-alvo: colaboradores, clientes, esposas e filhos de colaboradores, imprensa, concessionários, comunidade, autoridades, formadores de opinião, fornecedores.

Planejamento de trabalho: estratégias

Formação de um grupo de trabalho, denominado "Comitê 50 anos", com a participação das áreas representativas da indústria.

Objetivos do comitê

Garantir o comprometimento de todas as áreas essenciais ao sucesso do projeto.

Multiplicar rapidamente os conceitos do projeto por toda a companhia.

Assegurar que as atividades propostas para o evento são realmente consistentes com seus objetivos.

Atividades aprovadas e realizadas

Edição especial da revista interna.

Almoço especial para os colaboradores.

Frases alusivas ao evento nos contracheques.

Atividades esportivas no grêmio da empresa.

Quadrinho contando a história da fábrica para os filhos dos colaboradores.

Concurso de pintura para filhos dos colaboradores.

Brinde para os colaboradores (uma bolsa).

Exposição itinerante de fotos históricas, mostrando a evolução da empresa no Brasil.

Atividades culturais para esposas dos colaboradores.

Decoração interna da fábrica.

Material promocional para os 50 anos (selos, pôsteres e adesivos).

Jantar especial para os concessionários.

Almoço especial para a imprensa.

Pautas especiais para a mídia.

Edição especial do programa de TV destinado aos concessionários.

Edição especial da revista externa dirigida a clientes e concessionários.

Anúncios comemorativos dos 50 anos em veículos de comunicação.

Sessão solene na Câmara dos Deputados.

Você considera essas ações:

a) Razoáveis.

b) Incompletas.

c) Satisfatórias.

d) Deixam a desejar.

e) Faria outras. Quais?

Justifique sua resposta.

Resposta:______________________________

10 Planejamento em Comunicação

No Brasil, as atividades de comunicação que mais se expandiram nos últimos anos foram justamente as assessorias ou agências de comunicação. Em 2008, mais de 1.000 empresas funcionavam no mercado, havia 4.000 autônomos, e as projeções eram de um crescimento de 15% no faturamento do ano. Giravam uma receita em torno de R$ 1 bilhão e havia a possibilidade de essa receita ser engordada com a entrada de contas do governo federal.

Além de trabalhos convencionais que ficam sob sua responsabilidade – edição de jornais, revistas, noticiários, materiais jornalísticos para vídeos e novas mídias, sobre os quais entraremos em detalhes adiante –, a assessoria de comunicação facilita os contatos com as informações obtidas (quer via noticiário, quer por contato direto com jornalistas e demais fontes), prepara textos de apoio, sinopses e súmulas, administra as listagens referentes aos veículos que estão no mercado e cuida para que as peculiaridades de cada um deles sejam respeitadas.

Seu trabalho, portanto, não está restrito à divulgação e aos contatos com a imprensa, uma vez que envolve também ações de comunicação integrada com os clientes e a opinião pública.

CRESCIMENTO DAS ASSESSORIAS

As assessorias de comunicação cresceram de fato, e esse crescimento é consequência de alguns fatores.

Em primeiro lugar, deparamo-nos com a expansão dos negócios, sobretudo das grandes companhias. Passamos a ver, nos últimos tempos, incorporações, fusões, enfim, um adensamento de organizações. E quanto mais crescem os negócios, maiores são as organizações e maior é a necessidade de comunicação. Assim, cresce também a quantidade de assessores de comunicação internos e externos.

Em segundo lugar, a expansão das assessorias de comunicação deve-se à abertura do universo da locução – e o que é isso?

Nas últimas décadas, especialmente nos últimos 20 anos, os meios de comunicação no Brasil abriram-se, fazendo com que o discurso autoritário cedesse lugar ao discurso mais democrático.

Com essa mudança de discurso, os jornais passaram a denunciar escândalos e corrupção, não só nas malhas da administração pública como também nos negócios ilícitos das empresas privadas.

Portanto, esse monitoramento, vamos dizer assim, das administrações pública e privada de uma certa forma obrigou as empresas a serem mais transparentes para a sociedade, ou seja, aquelas posturas *low profile* deram lugar às posturas *high profile*.

Houve, inclusive, uma abertura do discurso crítico por parte dos meios de comunicação.

Outro fator é o fenômeno da globalização. Cada vez mais, empresas e negócios são transnacionais. Os países não têm mais fronteiras do ponto de vista político e econômico, e isso cria, de certa forma, a necessidade de uma teia de organização global, uma malha de organização mais abrangente, porque as empresas devem reagir rapidamente aos fenômenos de mercado.

Um exemplo: digamos que há seca em uma região da Ásia ou até no Brasil. Isso afeta a economia e as empresas, que, por sua vez, têm que reagir rapidamente a esses fenômenos do mercado, o que faz aumentar a exigência de intercomunicação.

Todos esses fatores têm contribuído para a criação de estruturas de comunicação mais profissionalizadas.

Ainda, é pertinente ressaltar que o mercado de assessorias se profissionalizou mais com a qualificação de profissionais, muitos deles egressos dos meios de comunicação tradicionais – jornais, rádios, revistas e televisão.

PLANEJAMENTO E CRISE

Comunicar-se é um direito universal. Comunicar-se de forma planejada também é um direito universal. Contudo, poucos sabem fazê-lo. Para isso, é preciso realizar uma análise socioeconômica e cultural dos fatos, os quais são instrumentalizados para a elaboração de diagnósticos e de projetos integrados aos objetivos estratégicos.

A comunicação é vital para a administração das crises vividas sistematicamente pelas organizações. As crises mais sérias ocorrem por ocasião de greves, de demissão, enxugamento do quadro de pessoal ou em ocasiões de mudanças de sede, que provocam sentimento de contrariedade por parte das equipes que se deslocarão para o novo ambiente, muitas vezes a milhares de quilômetros das casas dos funcionários.

Uma crise é capaz de afetar ou destruir a reputação, a imagem, o clima organizacional, a confiança de seus clientes e a credibilidade de uma empresa ou instituição, pública ou privada, e isso pode se prolongar por vários anos. Também pode afetar seus resultados econômicos e financeiros, trazendo prejuízos profissionais a seus funcionários.

Nas crises, algumas empresas adotam a postura do encolhimento, o que é um erro. Primeiro, porque os empregados sabem o que está ocorrendo no meio ambiente. Quando as empresas sonegam as informações para a comunidade interna, geram um clima de incertezas, dúvidas e expectativas. E isso pode criar uma turbulência interna que prejudica o clima de trabalho, atrasando a produção.

A comunicação exerce papel fundamental, por exemplo, para a eliminação dos focos de boatos. Sabe-se que, nas crises, os climas informais, os agentes informais da comunicação, trabalham celeremente. O boato é como pólvora. Há um rastilho aqui, queima-se esse rastilho e, imediatamente, a pólvora corre e incendeia toda a organização. O que significa isso? Certa pessoa chega para um grupo com três outras e, com sua interpretação, passa uma informação do tipo "Você sabia disso e daquilo?". Nessa passagem de informação, ela adiciona ou elimina, ou interpreta algo de maneira parcial. Desse grupinho de quatro, cada um sai para um lado diferente dando a sua versão do que ouviu, adicionando algo que não ouviu e também dando o seu posicionamento pessoal, e assim por diante. A partir daí, percebe-se a formação do boato. Quando a empresa entra em ação com comunicação adequada, ágil e eficiente, o boato se extingue.

Há nas empresas uma rede de líderes informais. Líder informal é aquele que tem um poder extraordinário sobre o grupo. Frequentemente, ele não detém cargo, poder ou posição, mas tem influência. É quem forma o time de futebol, que faz churrasco no fim de semana e reúne as pessoas. Esse líder tem uma influência extraordinária sobre a comunidade. Se eles forem cooptados de maneira errada, poderão ficar contra a empresa. É preciso certo jogo de cintura para se cooptar o chamado líder informal. Com as lideranças informais bem trabalhadas, a crise será mais bem administrada.

A comunicação na crise deve ser ágil, direcionada a diminuir as incertezas, atenuar as expectativas, criar padrões de entendimento, cordialidade, a fim de que a empresa possa passar pela crise sem grandes impactos.

Não é possível começar a fazer comunicação na hora da crise. Credibilidade não se conquista de uma hora para a outra. As empresas compreenderam que é preciso trabalhar a comunicação de forma integrada na organização. Antes, buscava-se somente a relação com a imprensa. Hoje, a comunicação engloba clientes, acionistas, fornecedores e funcionários. Houve uma sofisticação dessas relações, partindo de uma ideia simples, a de que comunicação é diálogo e exige transparência.

As atividades de rotina da assessoria de comunicação têm características preventivas, já que, de um modo geral, buscam, na permanente e estreita ligação com as informações procedentes do assessorado e do mundo exterior (noticiário), antecipar-se aos acontecimentos, e não vir a reboque deles. Sem impedir o surgimento de fatos imprevisíveis e que podem repercutir negativamente na opinião pública, sua atuação minimiza o espaço para boatos e especulações.

De qualquer modo, é também função de uma assessoria estar sempre preparada para um atendimento de emergência, o que pressupõe iniciativa e agilidade para obter e repassar aos veículos de comunicação, dentro de um plano de ação preestabelecido, respostas imediatas à demanda de informações surgidas nesses episódios inesperados.

No dia 25 de janeiro de 2005, o serviço da BBC World fazia um pedido de desculpas aos seus espectadores do mundo inteiro. Na data do vigésimo aniversário de Bhopal, na Índia, um "executivo" norte-americano, Andy Bichlbaum, apresentou-se na telinha da BBC como representante da Union Carbide, a empresa responsável pelo acidente que matou milhares de pessoas, reconhecendo a responsabilidade total da multinacional, e anunciou uma indenização de US$ 12 bilhões para as famílias das 20 mil vítimas, além da limpeza total da área devastada. Duas horas depois, a empresa desmentia tudo: não conhecia ninguém com aquele nome entre seus funcionários e muito menos ele era seu porta-voz autorizado a dar tal notícia, rigorosamente falsa. Era só mais uma ação dos críticos do *yes men*, dois bem-humorados programadores de informática e professores de vídeo em universidades de Paris e Nova York, que se ocupam de dizer os maiores absurdos em nome de organizações internacionais que supostamente representam.

Crises de imagem deveriam ser parte integrante de um bom plano integrado de comunicação. Afinal, uma boa imagem é o maior patrimônio que uma empresa pode ter. Demora muito tempo e custa muito esforço (e dinheiro) para ser construída, e pode ser perdida para sempre em questão de horas – e com a boa imagem pode-se perder, inclusive, a própria empresa.

Um planejamento empresarial que inclua o gerenciamento e a comunicação de crises nas empresas é hoje uma exigência da economia globalizada e apresenta demanda crescente na Europa e nos Estados Unidos.

Sua importância estratégica pode ser atribuída à valorização que a opinião pública está dando para as questões comportamentais, a ética empresarial, o respeito aos valores sociais e a possibilidade da quantificação econômico/financeira das crises mal-administradas.

Hoje em dia, quem quer dissimular, esconder casos negativos e fugir da exposição é condenado pela mídia e pela sociedade. A propósito, abordaremos a seguir o chamado "treinamento" dos empresários, o *media training*.

MEDIA TRAINING

Um dos recursos a que as assessorias recorrem para preparar melhor os empresários é fazer um *media training*. E para que serve ele?

Eis uma das questões mais recorrentes em palestras, cursos e reuniões com empresários. O jornalista Francisco Viana conta que, recentemente, um jovem jornalista, que preparava um documentário sobre as relações das companhias com a mídia, perguntou- lhe polidamente, mas com indiscreta ironia, se o *media training* não seria um treinamento para ensinar o empresário a manipular a imprensa, ocultar os fatos, fugir das questões essenciais. Evidentemente, não.

O *media training* é aquele que contribui para democratizar as relações entre as companhias e a mídia e, como desdobramento, com a sociedade. Há uma forte tendência hoje em dia para esquecer o valor das palavras, dos compromissos e do ambiente político de crescente mobilização da sociedade, e o *media training* trabalha para que isso não aconteça.

Igualmente, existe nas companhias um hábito, cultivado há séculos, desde o alvorecer do empreendimento mercantil organizado em torno das cidades, no século VII da era cristã, que é a surdez. As companhias simplesmente não escutam o que diz o cidadão, os movimentos organizados da sociedade e nem mesmo o Estado. O *media training* procura mostrar os impactos negativos da surdez, nas suas diferentes versões.

O *media training* é, por fim, também uma técnica de como se relacionar com a mídia.

Os manuais de obrigação das assessorias de comunicação observam que se deveria impor como prioritária a tarefa de educar e reeducar executivos para o dever e o trabalho de ser fonte nos processos jornalísticos.

Geralmente, busca-se o conflito, não a convergência. Briga-se muito por motivos fúteis, perde-se muito tempo. Uma das propostas vitais do *media training* é a redução do conflito. O primeiro aspecto destacado em um curso de *media training* é o apego à verdade factual.

Tudo no relacionamento com a mídia e a sociedade está contido nos fatos: a entrevista, a crítica, a prevenção e gestão de crises, o relacionamento com os jornalistas, o *press release*, as estratégias de comunicação, a cultura das companhias e dos profissionais de comunicação.

Fora dos fatos, é o inferno das contradições, das crises, da perda da credibilidade, da reputação e da identidade.

Na essência, o *media training* é fonte de geração de um recurso único e que não se encontra à venda no mercado para as companhias: a cultura de mídia, construída ao longo do tempo.

Ele visa desenvolver competências comunicativas para lidar com a mídia impressa e eletrônica (jornais, revistas, tevê e rádio), garantindo a representação da empresa nos meios de comunicação como instituição de cultura empresarial aberta, transparente e democrática.

Por que participar do *media training*? Para conhecer como funciona e atua a mídia e, assim, estabelecer com ela um relacionamento compreensivo e produtivo.

Quais os objetivos? Discutir o papel social e político da imprensa e seus limites éticos e jurídicos; analisar o funcionamento da mídia em uma economia de mercado; preparar os participantes para mudanças comportamentais em seu relacionamento com a mídia e instrumentalizá-los para a exposição nos seguintes meios de comunicação:

- Mídia impressa – como abordar o repórter da mídia impressa (jornais e revistas)? Falar o quê e quando? Papel e importância do contato remoto; percepção ativa durante a entrevista; como se sair bem em situações de crise.
- Mídia eletrônica (rádio, tevê, internet) – é preciso entender detalhadamente os jargões do mundo empresarial; números, estatísticas e bancos de dados como complementos essenciais; diferenciações entre temas para colunistas e pautas que podem gerar reportagem.

A EMPRESA E O DIÁLOGO COM A SOCIEDADE

Os novos profissionais de comunicação, ao trazerem uma nova mentalidade, de certa forma ajudam a reciclar o pensamento empresarial. Há agora uma busca e aceitação, por parte das empresas, das cargas informativas relativas ao consumidor. As companhias procuram saber o que acontece na sociedade – nos campos político e econômico – para, então, ajustarem suas filosofias a tais fatos.

Assim, as empresas passam cada vez mais a consumir informações do mundo em seu entorno, em âmbito planetário, para adequarem suas estratégias e táticas, seus processos, métodos e filosofia.

É possível perceber a determinação de muitas empresas em divulgar para a mídia e, portanto, para toda a sociedade informações relativas a demissão de trabalhadores, encaminhamento de questões ecológicas, dificuldades conjunturais, resultados mercadológicos presumíveis decorrentes de fusões e incorporações, além de outros temas há pouco considerados verdadeiros tabus.

Assiste-se a uma relação mais ética com jornalistas e veículos de comunicação e de maior respeito à sociedade e à inteligência do cidadão. Nessa nova postura empresarial, aumenta a valorização das estruturas profissionais e agências de comunicação.

Evidentemente, há ainda muito a avançar na direção da transparência das organizações públicas e privadas, mas o progresso é visível e significativo.

A falta de transparência, a irresponsabilidade, a retórica exagerada e a negligência nas relações com a imprensa têm, mais cedo ou mais tarde, resultados catastróficos, como demonstraram as lamentáveis falcatruas contábeis de grandes empresas que abalaram a economia dos Estados Unidos. Já são muitas as organizações que expõem suas dificuldades e seus problemas de peito aberto, discutem as questões com acionistas, funcionários, clientes, fornecedores, consumidores, mídia e mercado, emergindo do processo fortalecidas e com sua credibilidade preservada. E esse talvez seja o mais importante diferencial competitivo de uma organização na economia contemporânea.

Organizações privadas e públicas de gestão avançada descobriram que o adequado gerenciamento do processo de comunicação – distribuição eficaz de informações, aproveitamento de *feedback* e correções de rumos – frequentemente faz a diferença entre obter êxito ou fracassar em situações de extrema delicadeza, em que o desfecho depende da compreensão e adesão sincera das pessoas, aí incluídos os públicos internos e externos.

Como se vê, trabalhar com comunicação é como fazer uma busca constante da perfeição ou algo próximo a isso. Mas o que se consegue na prática já é alguma coisa, ou melhor, já é um bom começo.

ESTUDO DE CASO Brinde para jornalistas

Empresas de viagens dão passagens para jornalistas conhecerem determinados países ou cidades. Há jornais que registram que seus repórteres viajaram a convite dessas empresas. Outros meios de comunicação simplesmente ignoram esse detalhe. Há empresas jornalísticas que elaboram seus códigos de conduta de funcionários, dizem o que eles podem ou não fazer. Há jornais que mandam seus repórteres devolverem qualquer presente. Em caso de dúvida, é só abrir o livro.

Apesar de todos esses problemas, as empresas, de modo geral, precisam preocupar-se com patrocínios e eventos, que devem ser de total compatibilidade entre a imagem especial desejável e os diversos tipos de marketing institucional. Já os brindes, precisam combinar três elementos: a qualidade do brinde, a cara da empresa e a utilidade para serem bem recebidos.

Você dá um aparelho eletroeletrônico que é novidade no mercado, como aconteceu um dia com os *laptops*. Isso é caro? Vamos pensar então em outras opções, mais simples e baratas.

Você dá uma caneta. Dá um caneco de louça. Um bicho de pelúcia. Uma bolsa de juta.

O que mais poderá ser dado como brinde a um jornalista?

Referências

AIDAR, Marcos; LOBO, Edson. O desafio da comunicação, dentro e fora das empresas. Palestra na Associação Paulista de Recursos Humanos, São Paulo, set. 1995.

AMORIM, Lima de. Abaixo o nada a declarar! O assessor de imprensa na era da globalização. In: LOPES, Boanerges (Org.). Rio de Janeiro: Zabelê Consultoria e Planejamento Editorial, 1998.

BOBBIO, Norberto; MATTEUCCI, Nicola; PASQUINO, Gianfranco. *Dicionário de política*. Brasília: Editora da UnB, 1986.

BURROWES, Patrícia. *Comunicação, mídia e consumo*. Escola Superior de Propaganda e Marketing (ESPM), São Paulo, v. 2, n. 5, nov. 2005.

CANELA, Guilherme (Org.). *Políticas públicas sociais e os desafios para o jornalismo*. São Paulo: Agência de Notícias dos Direitos da Infância/ Cortez, 2008.

CHAPARRO, Manuel. Assessoria de imprensa e relacionamento com a mídia: teoria e técnica. In: DUARTE, Jorge (Org.). São Paulo: Atlas, 2002.

DUBNER, Gilbert. *Dicionário de termos de marketing*: definições, conceitos e palavras-chaves de marketing, propaganda, pesquisa, comercialização, comunicação e outras áreas correlatas a estas atividades. São Paulo: Atlas, 1996.

EMPRESA BRASILEIRA DE PESQUISA AGROPECUÁRIA (EMBRAPA). *Comunicação*: compromisso de todos nós. Brasília, 1997.

FEDERAÇÃO NACIONAL DOS JORNALISTAS (FENAJ). *Manual dos jornalistas em assessoria de comunicação*. Brasília, 1998.

JORNALIRISMO. Disponível em: <http://www.jornalirismo.com.br>. Acesso em: 27 maio 2008.

KOTLER, Philip. *Marketing para o século XXI*. São Paulo: Futura, 1999.

LOPES, Marilene. *Quem tem medo de ser notícia?* Da informação à notícia: a mídia formando ou "deformando" uma imagem. São Paulo: Makron Books, 2000.

MAQUIVEL, Nicolau. *O príncipe*. Tradução de Mário e Celestino da Silva. Rio de Janeiro: Vecchi, 1965.

MORAIS, Fernando. *Na toca dos leões*: a história da W/Brasil, uma das agências de propaganda mais premiadas do mundo. São Paulo: Planeta, 2005.

MOREIRA, Júlio César Tavares; PASQUALE, Perroti Pietrangelo; DUBNER, Alan Gilbert. *Dicionário de termos de marketing*. 4. ed. São Paulo: Atlas, 2003.

NASSAR, Paulo. Viva a mestiçagem. *Meio e Mensagem*, 8 nov. 2004.

OLIVEIRA, Elvira. *O poder da comunicação*: do livro à internet. São Paulo: Abril Multimídia, 2000.

PACHECO, Antonio Peres. *Pela unificação da profissão de comunicador*. Disponível em: <htpp://www.observatoriodaimprensa.ig.com.br>. Acesso em: 20 set. 2005.

PIMENTA, Maria Alzira. *Comunicação empresarial*. São Paulo: Alínea, 2004.

PINTO, Lúcio Flávio. *Introdução de Guerra Amazônica*: o jornalismo na linha de tiro (de grileiros, madeireiros, intelectuais etc. & cia.). Belém: Edição Jornal Pessoal, 2005.

RABAÇA, Carlos Alberto; BARBOSA, Gustavo. *Dicionário de comunicação*. Rio de Janeiro: Codecri, 1978.

SOBREIRA, Geraldo. *Manual da fonte:* como lidar com os jornalistas. São Paulo: Geração Editorial, 1993.

TERZIAN, Françoise. Mais próximos de quem está próximo. Reportagem na revista *Melhor*, São Paulo, Segmento, dez. 2001.

TORQUATO, Gaudêncio. *Tratado de comunicação organizacional e política*. São Paulo: Pioneira Thomson Learning, 2002.

VIANA, Francisco. *Uma aliança permanente*. Disponível em: <www.terra.com.br/magazine>. Acesso em: 17 maio 2008.

Glossário

Como outras profissões, a comunicação empresarial desenvolveu um jargão próprio para definir atividades, especialidades, espaços e ocorrências específicos do mundo das redações. Alguns desses códigos e linguagem, bem como seus significados, estão dispostos a seguir.

Acessar – Entrar em uma página ou em um serviço da internet. O número de acessos reflete a popularidade da página.

Agência de informação – A Organização das Nações Unidas para a Ciência, a Educação e a Cultura (Unesco) define agência de informação como "empresa que tem por objetivo, qualquer que seja a sua forma jurídica, obter notícias e documentação de atualidades que sirvam para exprimir ou representar os fatos, distribuindo-os a um conjunto de empresas de informação e, excepcionalmente, a particulares mediante o pagamento de determinada importância, de acordo com as leis e usos comerciais, sempre à base de um serviço o mais completo e imparcial possível". Segundo Bernard Voyenne, "a organização das agências é diferente da dos jornais, já que elas apenas se distinguem destes pelas funções, e não pelos objetivos. Sua atividade consiste em colher a informação, transmiti-la, elaborá-la e difundi-la dentro do menor prazo possível. Dispõe, para tanto, de meios e serviço apropriado, cuja peça principal é, sem dúvida, sua gigantesca rede de correspondentes, espalhados pelo mundo inteiro para receber as notícias de toda parte e a qualquer momento".

Âncora – Apresentador de programa noticioso de TV, que extrapola a função de locutor para comentar alguns assuntos, pontuando o noticiário com interpretações próprias.

Apuração – Investigação, levantamento e verificação dos dados e elementos de um acontecimento para transformá-lo em notícia. Para apurar uma notícia, o repórter deve informar-se o mais que puder sobre os fatos e circunstâncias, a fim de transmiti-los com seus dados essenciais para o leitor.

Articulista – Autor de um artigo.

Artigo – Espaço que jornalistas, especialistas ou personalidades de destaque em sua área ocupam eventualmente na mídia para se pronunciar sobre tema da atualidade. Distingue-se do conteúdo noticioso do jornal pelo caráter opinativo, autoral, analítico. Não reflete, necessariamente, a posição do veículo. Traz no rodapé um perfil resumido do autor.

Balcão – Em redação, quando o jornalista migra para a assessoria de comunicação, diz-se que ele passou "para o outro lado do balcão". Da mesma forma ocorre quando se dá o inverso.

Banco de dados – Coleção de arquivos inter-relacionados em que se armazenam e se organizam determinados dados para que eles fiquem disponíveis.

Banner – Também chamado de bandeirola, imagem pequena, com chamadas publicitárias colocadas em posições estratégicas nas diversas páginas de um site. Ao clicar o *banner*, o usuário vai para o site do anunciante, o que é discutível, uma vez que ele sai do site visitado.

Barriga – Divulgação de uma informação inverídica, não confirmada pelas partes envolvidas ou que não corresponde, em sua totalidade, à realidade dos fatos. Traz prejuízos de imagem ao veículo e, no caso de barriga induzida, desgasta a fonte que plantou a informação inverídica junto ao repórter.

Bastidor – É o que está por trás da notícia. Oculto. Linguagem de teatro.

Bloco – Série de notícias transmitidas em um único período de um programa noticioso de TV ou rádio, sem intervalo publicitário.

Box – Matéria à parte, dentro do corpo da matéria principal, que aprofunda e detalha um aspecto da notícia ou introduz um retrospecto histórico, informe geográfico, perfil etc.

Brainstorming – Literalmente, tempestade de ideias, mas usado na publicidade para reunião de criação de uma peça promocional. É uma reunião proposta por A. F. Osborn e consiste em reunir pessoas de diferentes especialistas, envolvidas na elaboração de uma campanha para discussão livre e descontraída, em que os participantes têm o direito de emitir qualquer ideia, por mais absurda que pareça, sobre todos os aspectos relacionados à criação e ao desenvolvimento da campanha, sobre o produto, mercado, suas possibilidades, características e possíveis *slogans*.

Cabeça – Texto lido pelo apresentador dos telejornais.

Caderno – Cada uma das partes separadas de um exemplar de jornal. Os jornais diários normalmente reservam o primeiro caderno para as notícias de caráter geral, político, econômico, internacional, e para editoriais. No segundo caderno vêm as amenidades, crônicas, crítica de artes plásticas, teatro, cinema e dança – e assim por diante.

Centimetragem – Área total de um anúncio publicado em jornal, equivalente à multiplicação de sua altura por sua largura, ambos em centímetros.

Charge – Desenho de humor, crítica humorística imediata de um fato ou acontecimento específico, em geral de natureza política. Uma boa charge procura um assunto do momento e vai direto ao ponto em que estão centrados a atenção e o interesse do público leitor.

Checar – Confirmar uma notícia ou qualquer informação apurada antes de publicá-la.

Ciberjornalismo – Processo em que a informação digitalizada chega ao receptor pelas chamadas redes telemáticas, em suportes que não são apenas o computador, mas instrumentos variados como totem, CD-ROM e telefones celulares.

Clipping – É um serviço de pesquisa e seleção das principais notícias publicadas na mídia sobre a empresa, a concorrência e o mercado. É realizado por um ou mais funcionários da assessoria ou por uma agência especializada nesse serviço, com revistas, jornais, áudio ou vídeo.

Cobertura – Reportagem sobre um fato ou evento, geralmente no local de sua ocorrência. O verbo utilizado é cobrir.

Coluna – Espaço permanente, com localização fixa em um veículo, para a exploração de determinado tema, abordado na forma de comentário e/ou de notas curtas. Traz título e nome do responsável e sua equipe, composta geralmente de repórteres e produtores de fotografia e cenário.

Comentário – Espaço permanente, diário ou não, que se reporta a um assunto específico, por exemplo, política, economia e cidade. Caracteriza-se pela abordagem analítica e pelo tom claramente opinativo do autor, geralmente um profissional especializado na área.

Comunicado – Informação, aviso ou declaração oficial de uma instituição pública ou privada, transmitido oralmente ou por escrito.

Comunidade virtual – Grupo de pessoas que usam áreas comuns da internet como correio eletrônico e bate-papo.

Correspondente – Repórter responsável pela produção do noticiário sobre uma determinada cidade, região ou estado para um veículo. Em televisão, ele trabalha com uma equipe.

Cozinhar – Reescrever uma matéria de forma que pareça diferente.

Crítico – Especialista que acompanha determinada temática, geralmente relacionada às artes, como teatro, música e cinema, apresentando com regularidade análises fundamentadas sobre o assunto, de um ponto de vista pessoal.

Crônica – Relato de um fato ou tema do cotidiano, inspirado no noticiário diário. Tem como diferencial em relação à matéria jornalística a visão pessoal do autor sobre o assunto, além do tratamento literário.

Customizadas – Essas publicações de boa qualidade têm por objetivo reforçar a identidade de marcas entre consumidores efetivos ou potenciais. Patrocinadas por uma empresa, na maioria das vezes, essas revistas têm matérias de interesse geral, por exemplo, turismo, gastronomia, comportamento e cultura, bem como são dirigidas a consumidores específicos.

Deadline – Hora do fechamento de uma edição de jornal, revista ou programa de rádio ou de televisão. *Deadline* é o prazo limite para o fechamento – os repórteres ou mesmo assessores têm esse horário fatal, a partir do qual qualquer matéria "morre".

Deixa – Qualquer sinal (visual, verbal etc.) que indica ao ator o momento do início de uma fala ou ação. Em um diálogo, por exemplo, a última palavra de um ator é que "dá a deixa" para início da fala do outro.

Desenvolvimento sustentável – Conjunto de ações de cunho econômico e operacional que objetiva o crescimento econômico com sustentabilidade. Significa que a empresa, em seu processo, não esgota os recursos naturais que consome nem danifica o ambiente de modo a comprometer o desenvolvimento dessa atividade no futuro. A expansão não será predatória e atenderá às exigências legais. Também inclui a manutenção da qualidade de vida das comunidades vizinhas (pessoas que moram no bairro ou região em que a empresa está instalada).

Design – Atividade cujo objetivo é estabelecer qualidades multifacetadas de objetos, serviços e seus sistemas em ciclos de vida completos.

Diagramar – Fazer o projeto da distribuição gráfica da matéria a ser impressa (texto, título, fotos e ilustração) de acordo com determinados critérios jornalísticos e visuais. Distribuição técnica e estética no desenvolvimento prévio de matérias destinadas à impressão.

Difamação – Crime de comunicação que consiste em "imputar a alguém fato ofensivo à sua reputação, tornando-o, com isso, passível de descrédito na opinião pública".

Direito de resposta – Faculdade assegurada por lei "a toda pessoa natural ou jurídica, órgão ou entidade pública que for acusado ou ofendido em publicação feita em jornal ou periódico ou em transmissão de radiodifusão, ou a cujo respeito os meios de divulgação divulgarem fatos inverídicos ou errôneo" (artigos 29 e 30 da Lei de Imprensa).

Editor – Responsável por uma editoria.

Editorial – Texto marcadamente opinativo, que traduz o posicionamento do veículo em relação a determinado fato ou discussão política e apresenta, muitas vezes, proposta de solução. Esse posicionamento, em geral, refere-se a temáticas duradouras e raramente a assuntos descartáveis, de vida breve no noticiário. A leitura regular dos editoriais permite ao leitor apreender a linha editorial do veículo em relação a assuntos como governos, reformas institucionais, tendências de comportamento etc. Nos jornais, os editoriais costumam vir em uma página identificada como Opinião, que traz ainda artigos e o expediente da publicação (nomes dos responsáveis, endereço e demais informações).

Editorialista – Profissional especializado em determinado assunto e que responde a um coordenador, identificado com a linha editorial do veículo.

Editorias – Seções ou subdivisões do noticiário: editorias de política, cidade, cultura, turismo e esportes.

Emissor – Pessoa ou organização que origina a mensagem em termos de comunicação. O fabricante, que faz a propaganda, é o emissor. Na área de comunicação, é o agente que inicia mensagens de tal maneira que aquele que as recebe (receptor) entenda seu significado pelo uso dos códigos em comum. Em economia, entende-se como entidade autorizada a emitir papel-moeda.

Enquete – Depoimentos colhidos aleatoriamente junto ao grande público para aferir a variação de opiniões acerca de temas da atualidade.

Entrevista coletiva – Tipo de entrevista em que a personalidade atende a imprensa em conjunto, respondendo a perguntas de todos os repórteres. Dependendo da organização da entrevista, as perguntas podem ser feitas de improviso ou têm de ser levadas previamente ao conhecimento do entrevistado para serem entendidas com antecedência, geralmente com auxílio do assessor de comunicação.

Errata – Espaço fixo ou eventual destinado à correção de equívocos veiculados anteriormente. Em casos de erros graves, a errata costuma ganhar o tom de retratação. É considerada um indicador da existência de controle de qualidade no veículo, além de refletir uma postura de transparência em relação ao público.

Estratégia – Técnica utilizada para alcançar um objetivo específico (individual ou coletivo, privado ou público, pacífico ou bélico-militar). É a programação, de longo prazo, do uso de instrumentos políticos e militares na condução dos conflitos internacionais. Estratégia tática seria a aplicação direta e variável, conforme as circunstâncias, dos instrumentos individuais ou meios postos em prática para se sair bem de qualquer coisa.

Evento – Acontecimento em que se aproveita para atrair a atenção do público e da imprensa sobre a instituição. Pode ser criado artificialmente, provocado por vias indiretas ou ocorrer de modo espontâneo. Em geral, é programado em todos os seus detalhes pela assessoria de comunicação. Pode-se promover eventos em dias significativos do ano, como o Dia da Árvore, Dia da Criança, Dia dos Pais, ou em ocasiões importantes para a organização, como inauguração, solenidade, lançamento de novo produto.

Expediente – Identificação normal da diretoria e responsáveis pela produção do noticiário ou da programação televisiva. Nos veículos impressos, costuma vir na página reservada a editoriais denominada Opinião. Na televisão, aparece na forma de créditos, no final de cada programa.

Extranet – É uma rede de computadores interligados exclusiva, montada, normalmente, para comunicação e desenvolvimento de negócios entre uma empresa, seus clientes e fornecedores.

Fantasia – Nome criado para identificar um produto ou serviço sem obrigatoriedade de vinculação com o vernáculo e que, pela liberdade expressa na sua construção, tende a valorizar os processos de leitura, memorização e identificação desse produto.

Fechamento – Prazo máximo para conclusão das matérias em uma redação. Também chamado de *deadline*. O verbo utilizado é fechar – não confundir com a palavra em seu sentido literal.

***Feedback* –** Retorno da informação, retorno do processo. Termo utilizado em comunicação significando a obtenção de uma resposta. Parte do controle do sistema em que os resultados das ações retornam ao indivíduo, permitindo que os procedimentos de trabalho sejam analisados e corrigidos.

Fio – Recurso gráfico utilizado para dar destaque a uma matéria ou separá-la das demais no espaço de uma página. Funciona como uma espécie de moldura do texto.

***Flash* –** Notícia transmitida ao vivo por TV ou rádio, fora dos horários convencionais do noticiário, para manter o público informado sobre um fato que está se desenrolando ou é novidade.

Foca – Na linguagem das redações de jornal, foca quer dizer estudante de jornalismo ou jornalista em início de carreira. Repórter iniciante.

Fôlder – Impresso constituído de uma única folha impressa contendo uma ou mais dobras.

***Follow-up* –** Arquivo de informações. Último passo no processo de venda, no qual o vendedor acompanha o produto após a venda para se assegurar da satisfação do cliente e da continuidade dos negócios.

Fonte – Simplificação da expressão "fonte de informação": aquele que, com algum poder ou acesso aos bastidores das decisões, fornece informação aos jornalistas.

Formador de opinião – Grupo de indivíduos que, pela posição que ocupam em termos de conhecimento ou importância na sociedade, servem como influenciadores.

***Freelancer* –** Profissional da imprensa que atua de forma autônoma, produzindo matérias ou edições especiais. Pode ter sido contratado previamente com essa finalidade ou atuar por iniciativa própria. Também chamado de colaborador. A adaptação abrasileirada do termo é frila.

Furo – Divulgação em primeira mão de uma notícia por determinado veículo. A produção de furos já foi considerada indicador de qualidade de um produto jornalístico. Essa visão vem sendo modificada em favor da qualificação e do aprofundamento da notícia, em oposição à busca desenfreada do ineditismo.

Gancho – É o enfoque que justifica a transmissão de um fato como notícia, o que torna um fato atraente do ponto de vista jornalístico.

Governança corporativa – É o sistema pelo qual as organizações são dirigidas e monitoradas envolvendo o relacionamento entre acionistas, conselho de administração, diretoria, auditoria independente e conselho fiscal. O objetivo é aumentar a transparência do comportamento gerencial e operacional da empresa em relação aos acionistas. É essencial que os colaboradores saibam o que significa para praticá-la, pois o sucesso depende muito deles.

Grade – Não tem qualquer relação com prisão. É a programação pré-fixada pelas redes de TV com inserção planejada de programações locais e especiais, o que torna previsível, por exemplo, a transmissão de um noticiário todos os dias no mesmo horário. Geralmente, as redes trabalham com uma grade para os dias da semana e outra para os fins de semana.

House organ – Jornal ou revista de circulação interna na empresa com assuntos e informações de interesse dos funcionários.

Imprensa marrom – Tipo de imprensa sensacionalista, que exagera nos fatos para atrair mais leitores. Nos Estados Unidos, foi conhecida como imprensa amarela.

Índice de leitura – Para os veículos impressos, o conceito de índice de audiência significa preferencialmente índice de leitura, ou seja, é o número indicativo da penetração de uma revista ou jornal no universo do mercado pesquisado ou em um dado segmento desse mercado. O índice de leitura não reflete totalmente o conceito de índice de audiência porque, ao contrário do que sucede na TV e no rádio, não há exclusão de audiência. Ouve-se ou vê-se apenas um canal em um dado horário, mas lê-se mais de um jornal ou revista durante o lapso de sua periodicidade, semanal, quinzenal ou mensal.

Infotexto – Forma de apresentação de dados estatísticos no noticiário por meio da inserção de um quadro destacado do corpo da matéria principal, trazendo números ou gráficos com informações não detalhadas no texto.

Inserção – Ato de publicar ou transmitir um anúncio ou qualquer matéria em veículos de divulgação. Ou cada uma das vezes em que o anúncio é veiculado.

Institucional – A propaganda, o anúncio ou a campanha cujo objetivo é promover uma imagem favorável para determinada marca, empresa, instituição, órgão público ou privado. O objetivo imediato da propaganda institucional não é a venda, mas a criação de um clima, de uma atitude favorável no público e em relação à entidade anunciante.

Intertítulo – Recurso gráfico utilizado para introduzir uma pausa visual na leitura do texto jornalístico. Em geral, o intertítulo traz uma expressão que antecipa o conteúdo dos parágrafos seguintes. Também chamado entretítulo.

Intranet – O conceito é o mesmo da internet, mas o acesso não é aberto, ou seja, apenas pessoas autorizadas podem acessar uma intranet. Normalmente, é usada por empresas ou instituições para comunicação entre os funcionários.

Jingle – Comercial musicado para rádio. Palavra publicitária originada da canção norte-americana "Jingle Bells" e que identifica propaganda gravada que contém música e texto.

Lead – Ou lide, a forma abrasileirada que consta nos dicionários, é uma síntese da notícia, ou seja, "a cabeça", a introdução. O lide, uma invenção do escritor Rudyard Kipling, responde às cinco perguntas básicas que compõem qualquer notícia: o quê? (*what*), quem? (*who*), quando? (*when*), onde? (*where*) e por quê? (*why*). Geralmente, é o primeiro parágrafo de uma matéria. Traz informações elementares que permitem ao leitor situar-se em relação ao fato noticiado. É a forma clássica de abertura de um texto informativo. Também chamado de "cabeça" da matéria. Quando desmembrado em dois parágrafos, o segundo é o *sublead*.

Legenda – Texto que acompanha uma ilustração, seja foto, desenho ou gráfico, oferecendo informações identificadoras ou complementares à imagem.

Licenciamento – Venda de direitos para comercializar produtos de marca registrada, para usar processos patenteados ou material que tenha *copyright*. Método para entrar em um mercado estrangeiro, oferecendo o direito de utilizar um processo de fabricação, marca registrada, patente, segredo comercial ou outro item de valor, em troca de uma taxa de *royalty*.

Lobby – Defesa de interesses de grupos diante de governo e políticos.

Logotipo – Símbolo constituído por palavra ou grupo de letras, apresentado em desenho característico, destinado a funcionar como elemento de identidade visual de uma empresa, instituição ou produto. Para isso, o logotipo deve ser facilmente fixado na memória do público, destacando-se entre milhares de outros estímulos visuais que diariamente são recebidos pelas pessoas.

Mala direta – Divulgação promocional de produtos e serviços com o envio de peças de publicidade impressa (folhetos, cartas circulares, catálogos, livretos etc.) pelo correio para clientes habituais ou potenciais. Forma de mídia seletiva dirigida, mais personalizada.

Manchete – Título apresentado na primeira página de um jornal ou na abertura de um noticiário de TV sobre o principal assunto da edição do dia. Vem acompanhado de um texto sintético. Títulos menores, apresentando outros fatos de destaque, são chamados de manchetinhas. Há ainda títulos menos destacados, denominados chamadas, que nem sempre vêm acompanhados de texto. Chamada é uma alusão à função de todo título ou texto de destaque na apresentação de uma edição – chama a atenção para o noticiário das páginas internas ou, no caso da televisão, para assuntos que serão abordados nos blocos das notícias.

Manual de redação – Um conjunto de normas para orientar o trabalho do jornalista. Virou moda e um saudável instrumento de marketing na competição entre os grandes jornais. Começou com o manual da *Folha de S.Paulo*, que chegou a edição sofisticada, com papel de luxo e mapas coloridos, divulgado depois também em CD. Em seguida, foram publicados os meticulosos e bem elaborados manuais de O *Estado de S. Paulo*, *O Globo* e o da Editora Abril.

Marca – Símbolo que funciona como elemento identificador e representativo de uma empresa, instituição ou produto. O conjunto desses símbolos em uma só composição gráfica permanente e característica, constituída por nome, símbolo e logotipo. Diz-se, nesse caso, marca corporativa – há quem prefira logomarca.

Marketing – A Associação Americana de Marketing diz que "é a execução das atividades que conduzem o fluxo de mercadorias e serviços do produtor aos consumidores finais, industriais e comerciais". Por meio do marketing, procura-se satisfazer as necessidades de consumo e mesmo criar novas necessidades. Com essa estratégia, visa-se otimizar os lucros de uma empresa, de modo a assegurar a sua sobrevivência e expansão.

Matéria – Texto resultante do trabalho de reportagem contendo declarações de entrevistados, observações do repórter, estatísticas, informações históricas, geográficas, entre outros aspectos, geralmente ilustrado com fotos.

Media training – Treinamento de executivos, que capacita os porta-vozes a respeito de como interagir com a mídia de maneira segura durante entrevistas ou encontros com jornalistas.

Merchandising – Há quem diga ajustamento, adequação. Trata-se de promover a venda de um produto, levando-o ao público de forma especial (quando seria uma "técnica de venda forçada"). Nesse sentido, o oposto de propaganda, cuja função, então, seria, pela comunicação persuasiva, levar o público ao produto. Em mídia, *merchandising* designa a comercialização de menções e aparições não ostensivas de produtos em TV, cinema, rádio e internet conforme critérios editoriais de "naturalidade", "contextualização" etc., e não segundo critérios declaradamente publicitários.

Multimídia – Combinação de diferentes meios e veículos dentro de um plano de mídia para oferecer cobertura, distribuição de frequência ou objetivos de comunicação.

Nariz de cera – Introdução demasiadamente longa da notícia, incluindo aspectos secundários ou visões pessoais do repórter ou contrariando os princípios de concisão, objetividade, clareza e simplicidade que devem nortear a produção de um texto jornalístico. O nariz de cera é considerado uma deformação do *lead*.

Newsletter – Boletim informativo, constituído de notícias ou mensagens de interesse especial para um público restrito. Pode ter caráter jornalístico (publicação dirigida, especializada, geralmente destinada apenas a assinantes) ou institucional (instrumento de comunicação empresarial para o público interno e para públicos específicos de interesse da organização).

Notícia – "A notícia não é um acontecimento, ainda que assombroso, mas a narração desse acontecimento", disse Fraser Bond. É o assunto focalizado jornalisticamente e divulgado pelos veículos informativos, para atingir o público em geral. Nesse sentido, diz-se que tal fato "é notícia", ou que tal pessoal "é notícia", quando o público tem interesse em receber dados sobre o assunto, que, necessariamente, passa pelos meios de comunicação de massa.

Off – Informação confidencial, prestada por um entrevistado ao jornalista, com a condição de seu nome não ser publicado. Forma abreviada de locução inglesa *off the record*.

Olho – Termo colocado acima do título para identificar um determinado assunto noticioso. Geralmente, utilizado em reportagens sequenciadas que dão cobertura a um assunto por dias seguidos. Também denominado antetítulo. Exemplo: Escândalo, para identificar o espaço ocupado por determinado noticiário político.

Ombudsman – De origem sueca, designa o profissional responsável pela leitura crítica do noticiário da mídia, inclusive do veículo que o contrata, do ponto de vista do leitor. Sua credibilidade está diretamente relacionada à sua autonomia, ou seja, capacidade de análise independente dos interesses do veículo. Funciona também como canal entre o cidadão e a empresa, com a função de receber críticas e reclamações e encaminhá-las e comentar no espaço que lhe é reservado. O *ombudsman* tem mandato predeterminado por um ou dois anos e, depois do afastamento, desfruta de um período de imunidade contra demissão.

On – O contrário de *off*, ou seja, a informação com identificação da fonte.

Open house – Visitas de familiares de funcionários à empresa.

Outdoor – Designação genérica de propaganda feita ao ar livre. Literalmente do inglês *outdoor advertising*, significa qualquer propaganda feita fora, exposta em via pública.

Panfleto – Texto de caráter veemente, violento e sensacionalista, em geral com assuntos políticos, impresso em folha destacada. Sua distribuição é quase sempre restrita a um público limitado. Destina-se a criticar instituições ou pessoas ou convocar a população ou determinados, grupos sociais para a ação política. Refere-se a um momento e um contexto determinado, e sua atualidade é bastante efêmera.

Pauta – É o roteiro de trabalho para orientação aos repórteres sobre fatos a cobrir. Informação verbal ou por escrito, geralmente transmitida pela chefia de reportagem, visando oferecer ao repórter as informações básicas sobre o assunto e a abordagem que deverá desenvolver na reportagem. O responsável pela pauta é o pauteiro.

Penetração – Porcentagem ou número de pessoas ou de famílias atingidas por um veículo em relação ao total da população ou um de seus subconjuntos. Esses subconjuntos (segmentos) podem ser classificados, conforme os objetivos da pesquisa, de acordo com a classe socioeconômica, a idade, o sexo, a escolaridade etc.

Pesquisa de mídia – Estudo que tem por finalidade conhecer a audiência e os hábitos das pessoas com relação aos vários meios de comunicação, ou seja, saber as qualidades de audiência ou de leitura e conhecer o comportamento das pessoas diante do que foi veiculado. Tipo de pesquisa realizada para aferir aspectos ligados à mídia, como índices e perfil de audiência, e hábitos de consumo de veículos e programas, relacionados com veículos.

Ping-pong – Entrevista do tipo pergunta e resposta, em que tanto os questionamentos do repórter quanto as respostas fornecidas pela fonte são transcritos tal como foram feitos. Dispensa a produção do texto clássico de matéria jornalística, em que as respostas são apresentadas na forma de relato na terceira pessoa, com eventuais citações entre aspas. Permite ao leitor ter uma ideia mais próxima do clima em que transcorreu a entrevista.

Plantar – Iniciativa de uma fonte em inserir no noticiário certa informação sem assumir a autoria. Manuais de redação costumam recomendar aos repórteres, colunistas e editores o máximo de desconfiança e cautela em relação a esse tipo de fonte e de procedimento. Pressupõe que o esforço pela veiculação da informação atende logicamente a um interesse nem sempre revelado. Em decorrência disso, a informação poderá não ser verídica, induzindo o profissional e o veículo a cometerem uma barriga.

Política de comunicação – Conjunto de normas em que se fundamenta a atividade de comunicação institucional em uma empresa. As perspectivas da política devem ser traçadas dentro de um objetivo que seja a meta de todas as atividades e contra o qual não existam argumentos.

Porta-voz – Pessoa altamente qualificada e autorizada para falar por um governante ou dirigente de empresa. As informações veiculadas pelo porta-voz devem refletir o pensamento oficial da personalidade representada.

***Press kit* –** Conjunto de informações, na forma de texto, fotos, vídeo, reunidos em uma pasta e distribuídos pelas assessorias de comunicação. O objetivo é oferecer ao repórter uma ideia prévia do assunto e também se tornar uma fonte de consulta posterior, para se obter ou confirmar dados levantados na entrevista.

***Press release* –** Material emitido para os meios de notícia e outras publicações com a finalidade de deixar o público saber de tudo o que a empresa está fazendo.

Produtor – Repórter que não aparece no vídeo. Ele marca as entrevistas, vai ao local de filmagem, conversa com o chefe de reportagem, prepara tudo para a entrada do repórter.

Propaganda – Comunicação persuasiva. Conjunto de técnicas e atividades de informação e persuasão, destinado a influenciar as opiniões, os sentimentos e as atitudes do público em um determinado sentido. A comunicação persuasiva é mais abrangente do que a publicidade, pois inclui objetivos ideológicos. A publicidade existe para um produto se tornar público, mais conhecido. Publicidade é mais próximo do que se chama, em inglês, *advertising*, com a finalidade de venda de produto ou de serviço. A imagem favorável para uma empresa ou uma marca e a propaganda política têm por objetivo a conquista e a conservação do poder.

Radioescuta – Setor que faz a primeira apuração com fontes oficiais como bombeiros e polícia.

***Recall* –** Tem dois sentidos na comunicação empresarial. Em publicidade, *recall* é o índice de lembrança, quando um telespectador lembra do que viu na tevê: intensidade de lembrança, fixação do nome na memória do entrevistado em razão de intensa exploração anterior. *Recall test* é o teste aplicado para verificar o grau dessa lembrança. No mundo dos negócios, *recall* é chamar de volta, um chamado das empresas fabricantes para corrigir eventuais falhas detectadas em peças ou sistemas de um brinquedo, *notebook*, veículo, livro com problema de linguagem ou outro objeto de consumo. O termo foi popularizado com a criação do Código de Defesa do Consumidor. Por ser encarado como uma medida de segurança, a responsabilidade passa a ser da indústria, daí o comprador estar isento de qualquer custo relativo a essa manutenção. É, na verdade, um grande alerta de que há falhas no processo produtivo.

Redator ou copidesque – O profissional que faz a revisão ortográfica e de estilo dos textos jornalísticos, enquadrando-os dentro do espaço planejado pelo editor. É o responsável pela qualidade dos textos noticiosos. Revisa o texto dos repórteres, corrigindo falhas gramaticais ou de estilo, além de produzir outros textos, como títulos ou manchetes. Adaptação do termo inglês *copy desk*.

Relações públicas – Definição da International Public Relations Association de Genebra: "É uma atividade de direção, de caráter permanente e organizado, mediante a qual uma empresa ou entidade privada ou pública procura obter e manter a compreensão, a simpatia e o apoio daqueles com os quais ela se relaciona ou pode vir a se relacionar. Para isso, ele deve analisar a opinião a seu respeito: adaptar seu comportamento na medida do possível a essa opinião e, através da prática de amplo esquema de informação, obter uma cooperação mais eficaz que leva efetivamente em conta os interesses comuns".

Reportagem – Processo de levantamento de informações para a produção de uma matéria. Envolve a cobertura do local do fato com observações do repórter, entrevistas, pesquisas de dados estatísticos e históricos.

Responsabilidade socioempresarial – Uma empresa socialmente responsável é aquela que tem práticas responsáveis. Busca os bons resultados financeiros, mas leva em conta diversos fatores, como o bem-estar dos funcionários e da comunidade vizinha, o meio ambiente – ela não causa poluição ambiental nem auditiva. Também gera empregos de qualidade, trata bem de seus efluentes e não pratica concorrência predatória. Enfim, é uma companhia que sabe que o seu papel na sociedade é muito maior do que simplesmente o de gerar lucros aos seus acionistas.

Rodapé – Informação sintética inserida no pé de matéria, artigo ou coluna acerca de determinado aspecto da notícia ou perfil do autor.

Ruído – Em teoria da informação, a mensagem que não é comunicada por insuficiência intrínseca ou ambiguidade de conceito não atingida pelo público.

Segundo clichê – Edição mais atualizada de uma publicação. Recurso utilizado por publicações de grande tiragem para solucionar problemas de circulação. O primeiro clichê ou primeira edição é enviado cedo às regiões mais distantes; o segundo, incorporando notícias mais recentes, geralmente na primeira página, é distribuído nas áreas próximas da sede do veículo. É por esse motivo que o leitor de jornal de determinada região não encontra logo pela manhã seu diário favorito quando ele está em viagem de negócios ou de lazer em pontos distantes do País.

Sensacionalismo – Estilo jornalístico caracterizado por intencional exagero da importância de um acontecimento, na divulgação e exploração de matéria de modo a emocionar, escandalizar ou atrair a atenção do grande público.

Setorista – Jornalista encarregado de cobrir determinada área. Por exemplo: profissional da editoria de esporte designado para fazer a reportagem de tudo que gira em torno de um clube famoso.

Sic – Originário do latim, significa "assim". Indicativo de transcrição literal de texto ou depoimento verbal, ainda que contenha erros ortográficos, de estilo ou atos falhos. É disposto entre parênteses, depois da citação.

Stakeholders – Termo criado para designar todas pessoas ou empresas que de alguma maneira são influenciadas pelas ações de uma organização.

Suíte – A continuidade da cobertura de um assunto noticiado em dia anterior. Alguns episódios de grande impacto na opinião pública, como tragédias ou um crime bárbaro, demandam prosseguir o assunto por dias seguidos, até que se esgote a apuração dos fatos ou o interesse do público.

Teaser – Anúncio que procura provocar a curiosidade do público para determinado produto ou acontecimento que só será revelado posteriormente com a eclosão da campanha de propaganda. Recurso em geral utilizado para lançamento de novos produtos ou de inovação em produtos já conhecidos. Destina-se a criar expectativa em torno de um lançamento iminente. Em telejornalismo ou radiojornalismo, chamada ou anúncio de notícia lido antes do início do programa para despertar interesse do público. *Flash* de uma notícia que em breve será divulgada com detalhes.

Teleprompter – Aparelho que permite à pessoa, olhando para a lente da câmera, ler o texto sem que o telespectador perceba.

Testemunhal – Anúncio que usa o depoimento de uma personalidade conhecida ou celebridade em algum campo, da qual é suposta consumidora, atestando suas boas qualidades.

Título – Resumo da notícia em uma ou duas linhas. Permite ao leitor ter uma visão sintética do noticiário e identificar um possível interesse na leitura. Quando abaixo do título vem um segundo título com informações complementares, dá-se o nome de subtítulo.

Traço – Indica audiência inexpressiva, próxima do zero, registrada por um veículo ou programa, geralmente de TV ou rádio.

Vazamento – Divulgação não autorizada ou não planejada de uma informação. Algo que foge ao controle, que vaza.

Vinheta – Identificação breve do patrocinador de um programa de TV ou rádio na abertura e/ou no fechamento de um intervalo.

Webmaster – Profissional responsável pela manutenção de um site em perfeito funcionamento. Entre suas tarefas estão: atualizar as páginas e seus *links*, consertar defeitos de linguagem e demais ações de manutenção da rede.

Anexo – Código de Ética dos Jornalistas Brasileiros

Capítulo I – Do direito à informação

Art. 1º O Código de Ética dos Jornalistas Brasileiros tem como base o direito fundamental do cidadão à informação, que abrange seu o direito de informar, de ser informado e de ter acesso à informação.

Art. 2º Como o acesso à informação de relevante interesse público é um direito fundamental, os jornalistas não podem admitir que ele seja impedido por nenhum tipo de interesse, razão por que:

I – a divulgação da informação precisa e correta é dever dos meios de comunicação e deve ser cumprida independentemente de sua natureza jurídica – se pública, estatal ou privada – e da linha política de seus proprietários e/ou diretores;

II – a produção e a divulgação da informação devem se pautar pela veracidade dos fatos e ter por finalidade o interesse público;

III – a liberdade de imprensa, direito e pressuposto do exercício do jornalismo, implica compromisso com a responsabilidade social inerente à profissão;

IV – a prestação de informações pelas organizações públicas e privadas, incluindo as não governamentais, é uma obrigação social;

V – a obstrução direta ou indireta à livre divulgação da informação, a aplicação de censura e a indução à autocensura são delitos contra a sociedade, devendo ser denunciadas à comissão de ética competente, garantido o sigilo do denunciante.

■ Capítulo II – Da conduta profissional do jornalista

Art. 3º O exercício da profissão de jornalista é uma atividade de natureza social, estando sempre subordinado ao presente Código de Ética.

Art. 4º O compromisso fundamental do jornalista é com a verdade no relato dos fatos, razão pela qual ele deve pautar seu trabalho pela precisa apuração e pela sua correta divulgação.

Art. 5º É direito do jornalista resguardar o sigilo da fonte.

Art. 6º É dever do jornalista:

I – opor-se ao arbítrio, ao autoritarismo e à opressão, bem como defender os princípios expressos na Declaração Universal dos Direitos Humanos;

II – divulgar os fatos e as informações de interesse público;

III – lutar pela liberdade de pensamento e de expressão;

IV – defender o livre exercício da profissão;

V – valorizar, honrar e dignificar a profissão;

VI – não colocar em risco a integridade das fontes e dos profissionais com quem trabalha;

VII – combater e denunciar todas as formas de corrupção, em especial quando exercidas com o objetivo de controlar a informação;

VIII – respeitar o direito à intimidade, à privacidade, à honra e à imagem do cidadão;

IX – respeitar o direito autoral e intelectual do jornalista em todas as suas formas;

X – defender os princípios constitucionais e legais, base do Estado democrático de direito;

XI – defender os direitos do cidadão, contribuindo para a promoção das garantias individuais e coletivas, em especial as das crianças, dos adolescentes, das mulheres, dos idosos, dos negros e das minorias;

XII – respeitar as entidades representativas e democráticas da categoria;

XIII – denunciar as práticas de assédio moral no trabalho às autoridades e, quando for o caso, à comissão de ética competente;

XIV – combater a prática de perseguição ou discriminação por motivos sociais, econômicos, políticos, religiosos, de gênero, raciais, de orientação sexual, condição física ou mental, ou de qualquer outra natureza.

Art. 7º O jornalista não pode:

I – aceitar ou oferecer trabalho remunerado em desacordo com o piso salarial, a carga horária legal ou tabela fixada por sua entidade de classe, nem contribuir ativa ou passivamente para a precarização das condições de trabalho;

II – submeter-se a diretrizes contrárias à precisa apuração dos acontecimentos e à correta divulgação da informação;

III – impedir a manifestação de opiniões divergentes ou o livre debate de ideias;

IV – expor pessoas ameaçadas, exploradas ou sob risco de vida, sendo vedada a sua identificação, mesmo que parcial, pela voz, traços físicos, indicação de locais de trabalho ou residência, ou quaisquer outros sinais;

V – usar o jornalismo para incitar a violência, a intolerância, o arbítrio e o crime;

VI – realizar cobertura jornalística para o meio de comunicação em que trabalha sobre organizações públicas, privadas ou não governamentais, da qual seja assessor, empregado, prestador de serviço ou proprietário, nem utilizar o referido veículo para defender os interesses dessas instituições ou de autoridades a elas relacionadas;

VII – permitir o exercício da profissão por pessoas não habilitadas;

VIII – assumir a responsabilidade por publicações, imagens e textos de cuja produção não tenha participado;

IX – valer-se da condição de jornalista para obter vantagens pessoais.

Capítulo III – Da responsabilidade profissional do jornalista

Art. 8º O jornalista é responsável por toda a informação que divulga, desde que seu trabalho não tenha sido alterado por terceiros, caso em que a responsabilidade pela alteração será de seu autor.

Art 9º A presunção de inocência é um dos fundamentos da atividade jornalística.

Art. 10. A opinião manifestada em meios de informação deve ser exercida com responsabilidade.

Art. 11. O jornalista não pode divulgar informações:

I – visando o interesse pessoal ou buscando vantagem econômica;

II – de caráter mórbido, sensacionalista ou contrário aos valores humanos, especialmente em cobertura de crimes e acidentes;

III – obtidas de maneira inadequada, por exemplo, com o uso de identidades falsas, câmeras escondidas ou microfones ocultos, salvo em casos de incontestável interesse público e quando esgotadas todas as outras possibilidades de apuração.

Art. 12. O jornalista deve:

I – ressalvadas as especificidades da assessoria de imprensa, ouvir sempre, antes da divulgação dos fatos, o maior número de pessoas e instituições envolvidas em uma cobertura jornalística, principalmente aquelas que são objeto de acusações não suficientemente demonstradas ou verificadas;

II – buscar provas que fundamentem as informações de interesse público;

III – tratar com respeito todas as pessoas mencionadas nas informações que divulgar;

IV – informar claramente à sociedade quando suas matérias tiverem caráter publicitário ou decorrerem de patrocínios ou promoções;

V – rejeitar alterações nas imagens captadas que deturpem a realidade, sempre informando ao público o eventual uso de recursos de fotomontagem, edição de imagem, reconstituição de áudio ou quaisquer outras manipulações;

VI – promover a retificação das informações que se revelem falsas ou inexatas e defender o direito de resposta às pessoas ou organizações envolvidas ou mencionadas em matérias de sua autoria ou por cuja publicação foi o responsável;

VII – defender a soberania nacional em seus aspectos político, econômico, social e cultural;

VIII – preservar a língua e a cultura do Brasil, respeitando a diversidade e as identidades culturais;

IX – manter relações de respeito e solidariedade no ambiente de trabalho;

X – prestar solidariedade aos colegas que sofrem perseguição ou agressão em consequência de sua atividade profissional.

Capítulo IV – Das relações profissionais

Art. 13. A cláusula de consciência é um direito do jornalista, podendo o profissional se recusar a executar quaisquer tarefas em desacordo com os princípios deste Código de Ética ou que agridam as suas convicções.

Parágrafo único. Esta disposição não pode ser usada como argumento, motivo ou desculpa para que o jornalista deixe de ouvir pessoas com opiniões divergentes das suas.

Art. 14. O jornalista não deve:

I – acumular funções jornalísticas ou obrigar outro profissional a fazê-lo, quando isso implicar substituição ou supressão de cargos na mesma empresa. Quando, por razões justificadas, vier a exercer mais de uma função na mesma empresa, o jornalista deve receber a remuneração correspondente ao trabalho extra;

II – ameaçar, intimidar ou praticar assédio moral e/ou sexual contra outro profissional, devendo denunciar tais práticas à comissão de ética competente;

III – criar empecilho à legítima e democrática organização da categoria.

■ Capítulo V – Da aplicação do Código de Ética e disposições finais

Art. 15. As transgressões ao presente Código de Ética serão apuradas, apreciadas e julgadas pelas comissões de ética dos sindicatos e, em segunda instância, pela Comissão Nacional de Ética.

§ 1º As referidas comissões serão constituídas por cinco membros.

§ 2º As comissões de ética são órgãos independentes, eleitas por voto direto, secreto e universal dos jornalistas. Serão escolhidas junto com as direções dos sindicatos e da Federação Nacional dos Jornalistas (FENAJ), respectivamente. Terão mandatos coincidentes, porém serão votadas em processo separado e não possuirão vínculo com os cargos daquelas diretorias.

§ 3º A Comissão Nacional de Ética será responsável pela elaboração de seu regimento interno e, ouvidos os sindicatos, do regimento interno das comissões de ética dos sindicatos.

Art. 16. Compete à Comissão Nacional de Ética:

I – julgar, em segunda e última instância, os recursos contra decisões de competência das comissões de ética dos sindicatos;

II – tomar iniciativa referente a questões de âmbito nacional que firam a ética jornalística;

III – fazer denúncias públicas sobre casos de desrespeito aos princípios deste Código;

IV – receber representação de competência da primeira instância quando ali houver incompatibilidade ou impedimento legal e em casos especiais definidos no Regimento Interno;

V – processar e julgar, originariamente, denúncias de transgressão ao Código de Ética cometidas por jornalistas integrantes da diretoria e do Conselho Fiscal da FENAJ, da Comissão Nacional de Ética e das comissões de ética dos sindicatos;

VI – recomendar à diretoria da FENAJ o encaminhamento ao Ministério Público dos casos em que a violação ao Código de Ética também possa configurar crime, contravenção ou dano à categoria ou à coletividade.

Art. 17. Os jornalistas que descumprirem o presente Código de Ética estão sujeitos às penalidades de observação, advertência, suspensão e exclusão do quadro social do sindicato e à publicação da decisão da comissão de ética em veículo de ampla circulação.

Parágrafo único. Os não filiados aos sindicatos de jornalistas estão sujeitos às penalidades de observação, advertência, impedimento temporário e impedimento definitivo de ingresso no quadro social do sindicato e à publicação da decisão da comissão de ética em veículo de ampla circulação.

Art. 18. O exercício da representação de modo abusivo, temerário, de má-fé, com notória intenção de prejudicar o representado, sujeita o autor à advertência pública e às punições previstas neste Código, sem prejuízo da remessa do caso ao Ministério Público.

Art. 19. Qualquer modificação neste Código só poderá ser feita em congresso nacional de jornalistas mediante proposta subscrita por, no mínimo, dez delegações representantes de sindicatos de jornalistas.

Novo Código de Ética dos jornalistas brasileiros.
Esta nova versão foi aprovada em 4 de agosto de 2007,
em Vitória (ES), e divulgada em 17 de setembro de 2007.
No entanto, o referido Código já está em vigor desde 1987.